W0058458

R
W 465
W 465

Harald Welzer

Welzer wundert sich

Rückblicke
auf die Zukunft
von heute

❈ | FISCHER

Originalausgabe

Erschienen bei FISCHER Taschenbuch
Frankfurt am Main, Oktober 2018

© 2018 S. Fischer Verlag GmbH, Hedderichstr. 114,
D-60596 Frankfurt am Main

Gesamtherstellung: CPI books GmbH, Leck
Printed in Germany
ISBN 978-3-596-70325-8

Inhalt

1

Gänsebraten in der Südsee

... über Kreuzfahrten

»Männer für gefährliche Reise gesucht. Geringer Lohn, bittere Kälte, lange Monate kompletter Dunkelheit, ständige Gefahr. Sichere Rückkehr ungewiss. Ehre und Anerkennung im Erfolgsfall.« Dieses angeblich von dem berühmten Polarforscher Ernest Shackleton in der »Times« aufgegebene Stellenangebot ist etwa hundert Jahre alt. Es entstammt der Heldenzeit der Polarforschung, als Expeditionen noch auf grausame Weise scheiterten, Schiffe vom Polareis zerquetscht wurden, Crews entbehrungsreiche Rettungsmärsche durch das arktische Eis versuchten, viele starben, einige überlebten und auf jeden Fall viele Geschichten zum Erzählen und Weitererzählen geboren wurden.

Heute, im Jahr 2014, erzählt ein Schiffskoch in der »Frankfurter Allgemeinen Sonntagszeitung« über seine Passagiere: »Der Geschmack von zu Hause ist gerade für Weltreisende ein unersetzliches Erlebnis in der Ferne. Deshalb schieben wir nicht nur zur Weihnachtszeit eine Martinsgans in den Ofen, sondern auch zu anderen Jahreszeiten und auch in Asien, Südamerika und Australien« (Ausgabe vom 6. Juli 2014).

Weltreisende, so denkt man sofort, sind doch verwegene

Gestalten – auch wenn die aus Heimweh verlangte Martinsgans vielleicht nicht ganz mit dem letzten Keks zu vergleichen ist, den Ernest Shackleton am 30. Januar 1909 seinem Gefährten Frank Wild überließ, als dieser auf dem Fußweg vom Polarplateau zum rettenden Schiff »Nimrod« an der Ruhr erkrankt war und auf der Strecke zu bleiben drohte. Shackleton und Wild schafften die Rückkehr fast verhungert, aber auch heute ist das Überleben an Bord keine Kleinigkeit: »Da wir nicht an Land sind und mit einem Anruf für den nächsten Tag Waren beziehen können, muss ich alles mehrere Monate im Voraus planen«, berichtet der Schiffskoch, »mittlerweile erhalten wir gut achtzig Prozent der Ware aus Deutschland. Sobald wir in Europa sind, bekommen wir alles per Lkw geliefert. Das dauert zwei bis drei Tage. Außerhalb Europas bekommen wir unsere Produkte per Schiffscontainer. Ausnahmen sind Frischeprodukte wie Käse, Joghurt und Frischmilch. Die kommen per Luftfracht, denn das können wir nicht vier Wochen lang im Container transportieren. Sie müssen sich auch die Mengen vorstellen: Das sind mitunter Hunderte von Tonnen.«

Der Koch heißt Daniel Behrendt und arbeitet nicht auf einem Expeditionsschiff, sondern auf der »MS Deutschland«, auch bekannt aus der Fernsehserie »Das Traumschiff«. Kreuzfahrten bedeuten ein Minimum an Bewegung bei einem Maximum an Mobilitätsaufwand. Wahrscheinlich hatte in der Geschichte des Tourismus nur die Mondlandung eine schlimmere Ökobilanz pro Kopf als die Kreuzfahrt: Schließlich werden ja Passagier, Gattin und gegebenenfalls der mitreisende Nachwuchs mit höchstem Aufwand bewegt, bekocht und bespaßt. Vier Fünftel der konsumierten Nahrungsmittel werden per Lkw, Schiff und Flugzeug von Deutschland aus auf den Weg gebracht, weil selbstverständlich Steinpilze gereicht werden, wenn daheim die Pilzsaison begonnen hat, auch wenn der Dampfer gerade vor Samoa kreuzt. Eine Berechnung des Transportaufwands für all den Spargel, die Pilze und die Gänse habe ich nicht, aber man geht sicher nicht fehl in der Annahme, dass sie den Traumreisenden wohl gleichgültig wäre.

Die Branche verzeichnet jedes Jahr ein Wachstum von sieben Prozent, 2014 sollen weltweit 21 Millionen Passagiere auf große Fahrt gehen, die vermutlich eher nicht interessiert, dass ihr Traumschiff täglich so 160 000 Liter Ab- und bis zu zwei Millionen Liter Brauchwasser in die Meere einleitet, ebenso wenig die reichlichen Mengen Schwefelemissionen, die die weißen Schiffe unablässig ausstoßen. Ich glaube, es gibt in der Welt der reichen Länder, in denen Kreuzfahrten inzwischen auch für die unteren Mittelklassen erschwinglich sind, keine Konsumform, in der vollendete Sinnlosigkeit mit so spektakulärem Aufwand hergestellt wird. Als die Kreuzfahrerei noch eine Oberklassenangelegenheit und damit reiner Statuskonsum war, der den Mief einer zum Glück vergangenen Zeit atmete, war die Klima- und Ökobilanz pro Kopf zwar keineswegs besser als heute. Aber heute sind Kreuzfahrten ein Massenphänomen, und wer in letzter Zeit mal nachts am Mittelmeer gesessen hat und beim melancholischen Betrachten der Horizontlinie eine endlose Kette von wie Kirmesbuden blinkenden Dampfern beobachten musste, findet hier das Sinnbild dafür, dass Jahrzehnte von Umweltbildung, Aufklärung, Ökoengagement, Ergrünung der Politik und Unternehmensleitbildern nicht das Geringste dagegen ausgerichtet haben, dass jedes, aber auch jedes neue Konsumangebot seine willigen Abnehmer und Abnehmerinnen findet und ohne jede Überlegung auskommt, welcher Schaden mit all dem Aufwand angerichtet wird. Und ob man selbst, als Reisender, etwas davon hat. Ja, ob man das Ganze überhaupt als Reise bezeichnen kann.

Man muss ja nicht gleich Shackleton heißen, um ein Bedürfnis nach der Entdeckung einer Landschaft durch eigene Anstrengung zu haben, und nein, die muss auch nicht gleich wieder in eine Extremsportart mit Hightech-Ausrüstung übersetzt werden. Aber bietet die Kanutour auf der Havel, die Fahrradreise durch Masuren oder die Wanderung durch die Sächsische Schweiz nicht mehr Erlebbares und Interessantes als der lächerlich begrenzte Raum eines Containers, in den man gegen Bezahlung gesperrt wird, um bei 30 Grad Celsius in der Südsee Gänsebraten mit Rotkohl und Knödeln aus Deutschland zu essen?

Dasselbe Glück wie nach einem langen Winterspaziergang im Frost wird sie einem denn auch kaum liefern, die arme deplatzierte Gans, und tatsächlich: Spätestens, wenn dem Weltreisenden dieser Gedanke dämmert, weiß er, er wäre besser gleich zu Hause geblieben.

2

Gefangen in der Effizienzfalle

… über Innovation

Neulich saß ich abends im ICE von Frankfurt nach Berlin, im Sitz vor mir eine dieser Kostümfrauen mit Laptop und Smartphone. Selbige, so ließ sich gar nicht vermeiden zu hören, kam gerade von einem Meeting und hatte nun offenbar ein Protokoll darüber zu schreiben. Ich glaube, das Wort Protokoll ist viel zu altmodisch, als dass sie es benutzt hätte, wahrscheinlich sagte sie »summary« oder so, aber man darf sich jetzt nicht vorstellen, dass sie dieses nun still in ihren Laptop hineingeschrieben hätte. Im Gegenteil: Ohne Unterlass rief sie Menschen an, die offenbar an demselben Meeting teilgenommen hatten, informierte sie darüber, was sie zu schreiben gedenke und dass sie zur Information noch dieses oder jenes »sheet« und ein paar andere »attachments« senden würde, über die sie eine Rückmeldung erbitte, weil sie das dann noch in ihr »summary« einbauen wolle und so weiter. Natürlich riefen die Angerufenen auch immer zurück, um der Frau zu sagen, dass sie das »sheet« erhalten hätten. Vermutlich gingen auch viele Mails bei ihr ein. Habe ich schon gesagt, dass es inzwischen 21 Uhr geworden war? Auch um diese Zeit arbeiteten also alle noch, besser gesagt: ließen sich von ihrer Kollegin auf Trab halten.

Das bringt mich zu der Frage: Ist Arbeit eigentlich noch Arbeit? Also eine Betätigung, die dazu dient, etwas zu erzeugen oder bereitzustellen? Gar eine schöpferische Tätigkeit, wie Philosophen sagen würden? Das wird anscheinend zunehmend unklar: Unlängst hat die Unternehmensberatung Bain & Company die Arbeitsabläufe in 17 Konzernen untersucht und festgestellt, dass eine durchschnittliche Führungskraft 30 000 E-Mails im Jahr erhält und 21 Stunden pro Woche in Meetings sitzt. Jeder Meeting-Teilnehmer wiederum verschickt während der Sitzung vor lauter Langeweile im Schnitt vier bis sechs Mails je Stunde, was man jetzt mühelos auf die Bahnfahrt zurückbeziehen und schließen kann: Alle machen das genauso wie die Frau vor mir, was bedeutet, dass sie sich alle gegenseitig mit Fragen und Antworten und Missverständnissen und Rückfragen und unklaren Bemerkungen überschütten und eine unglaubliche Menge an Aufwand produzieren, ohne auch nur eine Sekunde darüber nachzudenken, woran sie da eigentlich »arbeiten«. Jede Führungskraft brauchte daher eigentlich noch mal ein bis zwei weitere Personen, die abarbeiten, was an zusätzlichem Aufwand erzeugt worden ist, aber da die wahrscheinlich genauso vorgingen, würde sich der Aufwand nur potenzieren.

Das alles ist das Ergebnis jener »Innovationsrevolutionen«, von denen die IT-Industrie behauptet, sie machten unser Leben immer toller und unsere Arbeit immer effizienter, weshalb sie unablässig neue Geräte erzeugt, die alles noch viel schneller mit noch weniger Aufwand und Energie erledigten. Schön, dass dabei auch die Politik ganz vorne mit dabei ist, zum Beispiel mit der Hightech-Strategie der Bundesregierung, die vollständig sinnfrei so annonciert wird: »Einzelne Technologiefelder werden als Beitrag zur Lösung wichtiger gesellschaftspolitischer

Zielstellungen oder Innovationstreiber für andere Technologiefelder (›Schlüsseltechnologien‹) sowie gesellschaftliche Veränderungen als wesentliche Voraussetzung technologischer Wissensgenerierung verstanden. So wird der Innovationsstandort Deutschland gestärkt und noch attraktiver.« Das hätte die Frau im Zug nicht besser formulieren können!

Ist eigentlich schon mal jemandem aufgefallen, dass »Innovation« im Unterschied zu »Fortschritt« keinen Bezugspunkt außerhalb seiner selbst hat, also schon begrifflich permanent leerläuft? Innovation ist bloß eine andauernde Simulation, die irgendetwas, das da ist, durch irgendetwas ersetzt, das neu ist.

Und wieder alle auf Trab hält.

Damit wären wir direkt wieder beim Smartphone und beim Laptop im Hochgeschwindigkeitszug.

»Warum eigentlich«, denkt die Frau jetzt womöglich, »sitze ich hier eigentlich noch um 21 Uhr und arbeite wie verrückt?« Und es überfällt sie vielleicht ein furchtbarer Gedanke: »Weil ich selber immer mehr mache, seit ich effizienter bin! Während ich früher die drei Ergebnisse des Meetings in einem kurzen Vermerk festgehalten und abgeheftet hätte, darauf vertrauend, dass alle Teilnehmer ohnehin über ein Gedächtnis verfügen, habe ich nun 30 Mitarbeiter (und mehrere Zugreisende) drei Stunden lang damit beschäftigt, ein Nichts mit höchstem Aufwand festzuhalten!« Schlimmer noch: Wenn Bain & Company recht haben, war ja schon das ganze Meeting überflüssig, somit auch die Fahrt, die Zeit, der Aufwand für Reisekostenabrechnungen, Taxi, Babysitter, nach Hause telefonieren und so weiter.

»Mein Gott«, denkt die Frau, »alles, was ich jeden Tag tue, ist nicht nur komplett sinnlos, sondern produziert nur immer noch mehr Sinnlosigkeit!« Sie bestellt einen Wein, trinkt einen

Schluck. Sie schließt die Augen. Ein »Pling« holt sie aus den Gedanken, es zeigt ihr an, dass die nächste E-Mail eingegangen ist. »Schickst du noch das Briefing für morgen raus?« Und sofort klackert wieder die Tastatur. »Was man manchmal doch für einen Unsinn denkt«, geht der Frau noch durch den Kopf. Aber das hat sie gleich schon wieder vergessen.

3

Kotau vor den Ego-Shootern

... über Turbokapitalisten

In der gutbürgerlichen »Frankfurter Allgemeinen Sonntagszeitung« wurde am 28. September 2014 ein Mann namens Oliver Samwer porträtiert, weil, wie der Untertitel des Artikels ankündigte, »dieser Mann eine Sensation« sei. Samwer verkauft mit »Zalando« Kleidung im Internet und kopiert ansonsten Geschäftsideen, mit denen man in Amerika schon erfolgreich war. Seine Person? Ein »Haudrauf-Unternehmer«, der alle anderen niederringt und der dem stationären Handel den Todesstoß versetzen will: »Geschäfte sind Mittelalter, gebaut nur, weil es noch kein Internet gab.« Samwer kleidet sich der Autorin zufolge nachlässig, was allerdings Mitteilungscharakter hat: »Dieser Mann hat Wichtigeres zu tun, als sich um sein Äußeres zu scheren. Er hat keine Zeit für Smalltalk, Schnickschnack und dumme Fragen, er liest keine Bücher und geht nicht ins Theater. Er hat eine Mission. Die muss er erledigen. Koste es, was es wolle. Er würde sterben, um zu gewinnen, hat Oliver Samwer mal getönt. ›Think big‹ hat er seinen Leuten als Losung ausgegeben. Dafür ackert er sieben Tage die Woche. Jede Stunde am Tag, die er nicht schläft, ist er bereit, alles für seine Firmen zu geben, ›whatever it takes‹, wie er es formuliert.

Meist hat er ein Handy am Ohr, ein zweites in der Hosentasche, das ständig vibriert. E-Mails schreibt er, während er mit anderen spricht, unternehmerische Entscheidungen fällt er im Minutentakt. Wer bei ihm anheuert, von dem verlangt er ebensolche Höchstleistungen, am besten rund um die Uhr. ›Execution now‹, ist einer seiner Lieblingsbefehle am Telefon, bevor er das Gespräch wegdrückt. Ohne Abschiedsgruß.«

Ich kenne den Mann nicht persönlich, aber das Porträt beschreibt jemanden, der zu asozialem Verhalten und selbstzerstörerischen Handlungen neigt und offenbar von Allmachtsphantasien getrieben ist. Ach so, vielleicht sollte man dazu sagen, dass seine Unternehmen bislang noch nicht mal Geld verdient haben – zum Zeitpunkt des Erscheinens des Porträts machten sie bei 757 Millionen Euro Umsatz sage und schreibe 442 Millionen Euro Verlust. Das Geld, das er zum Verlieren braucht, sammelt er bei Milliardären ein, die unkonventionelle Investments suchen.

Was mich nun wundert? Dass ein solcher Typ gesellschaftlich heute offenbar als attraktiv und interessant, ja geradezu als vorbildlich gelten kann. Wir kannten diese Sorte bislang ja vor allem in der Gestalt von Fernsehpöblern wie Dieter Bohlen und Stefan Effenberg, nun gilt sie plötzlich auch in der Welt der Wirtschaft als Rollenvorbild. Samwer ist ja nicht der einzige Ego-Shooter, der derzeit gehypt wird: Da gibt es zum Beispiel noch den Paypal-Investor Peter Thiel, der öffentlich den Monopolismus propagiert, oder den Hedgefonds-Milliardär Nicolas Berggruen – alles Leute, die sich durch radikale Staatsferne und handfeste Rücksichtslosigkeit gegenüber dem Gemeinwohl auszeichnen. Man könnte sagen: Diese Leute gewinnen Status, indem sie sich besonders asozial verhalten und geben.

Das kommt sogar bei Politikern gut an, wie man besonders im Fall Berggruen gesehen hat, dem man für sage und schreibe einen einzigen Euro leichtfertig das Schicksal vieler Tausender Angestellter anvertraut hatte. Originellerweise hat das »Berggruen Institute on Governance« im Mai 2013 eine Konferenz in Paris ausgerechnet zum Problem der Jugendarbeitslosigkeit veranstaltet, bei der zum Beispiel Ursula von der Leyen und Wolfgang Schäuble auf dem Podium saßen. Berggruen pflegt, was man in seinem Buch mit dem wunderbaren Titel »Klug regieren« nachlesen kann, durchaus eigene politische Vorstellungen, die jedenfalls mit Demokratie, wie wir sie kennen, nicht arg viel zu tun haben. Und der hochgelobte Peter Thiel verfolgt mit dem von ihm geförderten »Seasteading-Institute« allen Ernstes das Projekt, Kleinstaaten auf Inseln zu schaffen, von denen aus »die nächste Generation von Pionieren« die Wirtschaft auf den unübersichtlichen Kontinenten steuert. Das heißt dann »competitive governance from the outside«, also »Wettbewerbssteuerung von außen«, was ungefähr so gemeinwohlorientiert anmutet wie die Aktivitäten von Dagobert Duck.

Hinreichend, solchen Leuten Bewunderung zu zollen und ihnen Geld, Unternehmen, Daten und am Ende gesellschaftliche Gestaltungsmacht zu überlassen, scheint allein schon, dass sie, wie es immer heißt, eine »Mission« haben, die sie verbissen verfolgen. Worin die besteht und ob sie irgendetwas mit demokratischen, freiheitlichen und rechtsstaatlichen Werten zu tun hat, scheint in dem Augenblick gleichgültig zu werden, in dem sie mehrmals hintereinander Sätze sprechen, in denen die Wörter »Innovation«, »Leadership«, »Milliarden«, »Strategie«, »Silicon Valley«, »Investieren« in beliebiger Reihung vorkommen. Dann kniet der kaum jemals aus Niedersachsen oder

Hessen herausgekommene Wirtschaftspolitiker innerlich nieder, denkt »Dolle Sache!!« und überlegt flugs, wie man solchen Innovasoren auch im offenbar ganz und gar zurückgebliebenen Deutschland eine Bühne geben und sie zum Investieren in heimische »Start-ups« und »Innovation Labs« veranlassen kann. Als würde eine Gesellschaft funktionieren, die aus Menschen besteht, die sich hauptsächlich in ihren Omnipotenzphantasien überbieten.

Ganz falsch: Diese Gesellschaft besteht aus genau denen, die Taxi fahren, bei Karstadt an der Kasse sitzen, in Krankenhäusern Dienst tun, nebenher ihre Familie managen, sich in einem Sportverein, bei Greenpeace, Amnesty International oder bei der freiwilligen Feuerwehr engagieren, kurz: den Laden zusammenhalten, den die Samwers dieser Welt so hartnäckig zu zerstören versuchen. Entschuldigung, aber das musste jetzt mal gesagt werden. Nächsten Monat erzähle ich Ihnen etwas über diese Leute, versprochen.

4
Die den Laden zusammenhalten
... über mangelnde Wertschätzung

September 2014, »vision summit« in Berlin. Bei diesem »event« unter dem Motto »We Q statt IQ« drehte sich alles um sogenannte social entrepreneurs, das sind Unternehmer, die soziale Projekte als »business cases« organisieren. Da gab es über tolle Projekte zu hören, Symphonieorchester, die in Problemschulen gehen, oder Beratungen, die Pleitiers wieder auf die Beine helfen. Seltsam bei all dem war nur die ständige Betonung, dass es hier um »neue Geschäftsmodelle« ginge, auch war viel von »leadership«, »innovation«, »share economy« und so die Rede. Ja, da gäbe es viel zu entdecken und zu fördern, was die sozialen business cases der Zukunft anbelange!

In einer Podiumsdiskussion stellten einige »entrepreneurs« ihre erfolgreichen Projekte vor – übrigens alles Männer. Als die Moderatorin das Gespräch gerade beenden wollte, rief einer der Teilnehmer, der junge Architekt Van Bo Le Mentzel, dazwischen, er habe noch eine Frage: Warum denn hier immer nur von diesen Typen die Rede sei, die so tolle Start-ups machten, nicht aber von denen, die den Laden eigentlich am Laufen hielten? Allgemeine Verwunderung – was will der Mann? Ganz einfach, erläuterte Van Bo: Warum redet man nicht von den Krankenschwestern, die im miserabel bezahlten Schichtdienst mehr tun, als in ihrem Arbeitsvertrag steht, warum nicht von denen, die ehrenamtlich in Sportvereinen oder bei der freiwilligen Feuerwehr arbeiten, warum nicht über die, die die Suppe für die pflegebedürftige Oma nebenan kochen? Sie alle seien es doch, die die Gesellschaft zusammenhielten und nicht irgendwelche Plastikwortproduzenten.

Recht hat er, man sollte viel mehr über diese Leute reden. Zum Beispiel über Timo Schmitt, der in einem ausrangierten und zur fahrbaren Kochstation umgebauten Doppeldeckerbus, dem »Kimamobil«, Schulkindern das Kochen beibringt. Oder über Gylcan Nitsch, die »Yesil Cember« erfunden hat, den »Grünen Kreis«, der in Migrantenfamilien geht und Infos zum Stromsparen, zur Ernährung, zur Mülltrennung weitergibt. Oder über die weitgereiste Künstlerin Ursula Cyriax, die ihrem hessischen Heimatort Biedenkopf ein Jahr lang die Tristesse abtrainiert hat, indem sie Rentnerinnen zum »Guerilla-Stricken« und Schüler zum Übernachten im Wald gebracht hat. Oder über die Betreiber des Grandhotel Cosmopolis in Augsburg, das zugleich Hotel, Zuhause für Asylbewerber und Ort für Kulturveranstaltungen ist. Oder über Siggi und Hans-Günter Bartel, die in Eberstadt den Circus Waldoni aufgebaut haben, der Jugendliche, die in Schule und Job nicht zurechtkommen, seit vielen Jahren erfolgreich in Ausbildungen bringt und nicht wenige zu professionellen Artisten gemacht hat. Oder über die älteren Damen in Rheda-Wiedenbrück, die festgestellt haben, dass in ihrem Städtchen Menschen aus 96 Nationen leben, die sie nun zu ihren Kaffeeklatschsonntagen einladen, um sich gegenseitig Heimatgeschichten zu erzählen. Oder über Van Bo selbst, der Bauanleitungen für »Hartz IV«-Möbel ins Netz stellt und in Schulen geht, um den Kindern beizubringen, wie man Möbel baut.

Mir haben mal Kollegen aus dem Handel feixend erzählt, dass sie sich beim Einkauf der spießigsten und hässlichsten Klamotten im Sortiment immer eine Modellkundin, »Frau Kasupke«, vorstellen, die Salzteigbilder an der Wand und Rüschengardinen vor den Fenstern hat. Ich habe die fröhliche Runde gefragt, ob sie bei ihrer Zielgruppenanalyse auch berücksichtigen würde, dass Frau Kasupke ehrenamtlich im Hospiz arbeitet oder Kindern in der Krebsklinik vorliest, was die Stimmung ein bisschen vermiest hat. Ja, tatsächlich sind es all diese Leute, die ungefragt und unbezahlt, ganz ohne »business case« und »leadership« dort, wo sie es können, unsere Gesellschaft zusammenhalten. Und das ist mehr denn je nötig, denn wir haben ja in den letzten 20 Jahren gesehen, wie unter Spar- und Renditediktaten nicht nur Unternehmen zu Effizienzhöllen umgebaut wurden, sondern auch Schulen, Universitäten, Kindertagesstätten, Krankenhäuser mit Hilfe von Zielvereinbarungen, Rankings, Evaluationen, Punkteskalen »wettbewerbsfähig« gemacht wurden – als ob Bildung, Pflege, Fürsorge auch nur das Entfernteste mit Markt und Wettbewerb zu tun hätten.

Was geschieht, wenn nun auch noch freiwillige, ehrenamtliche oder einfach nur soziale Handlungsweisen dem Markt unterworfen werden, kann man an den vielgepriesenen Internetunternehmen der »Share-Economy« sehen: Während es zum Beispiel noch vor kurzem besonders unter Studierenden weltweit gang und gäbe war, dass man Kommilitonen auf Besuch bei sich übernachten ließ und davon ausgehen konnte, dass man dasselbe jederzeit auch in Lyon, Sankt Petersburg oder Toronto würde machen können, ist diese soziale Praxis heute in eine monetäre Dienstleistung verwandelt worden, wo jede Studi-WG sich gut überlegt, ob sie ihr Gästezimmer kostenlos zur Verfügung stellt: Es könnte sich doch jeden Augenblick ein zahlender Gast über »airbnb« anmelden!

Die Leute, die »den Laden zusammenhalten«, würden nie auf die Idee kommen, dass man aus dem, was sie tun, ein Geschäft machen könnte. Was sie machen, hat nämlich keinen anderen Zweck, als irgendwo etwas besser zu machen, als es ist. Wo der Markt herrscht, wird dagegen alles zum Mittel degradiert, um dort ein Geschäft zu erfinden, wo vorher keines war. Ach, mir fällt noch eine Geschichte ein. Von dem österreichischen Schuhfabrikanten Heini Staudinger, den es ärgerte, dass der Red-Bull-Erfinder und Milliardär Dietrich Mateschitz seinen Formel-1-Rennstall als Marketing-Aufwand von der Steuer absetzen kann. Staudinger wollte auch gern einen Steuervorteil, um den bei ihm arbeitenden alleinerziehenden Müttern bei weniger Arbeitszeit mehr Gehalt zahlen zu können. Er hat jetzt auch einen Rennstall. Dort fahren Kleinkinder auf Bobby-Cars. Er nennt ihn Formel-Z. Wie Zukunft.

5

Was war jetzt noch mal Nachhaltigkeit?

… über ein schweres Missverständnis

Der frühere Umweltminister und spätere Leiter des Umweltprogramms der Vereinten Nationen, Klaus Töpfer, erzählte unlängst folgende Geschichte: Ein befreundetes Paar habe sich einen neuen Kühlschrank zugelegt, und zwar das in Sachen Energieverbrauch effizienteste Gerät am Markt. »Das Ding war nicht billig«, berichteten die stolzen Besitzer, »aber du hast uns so lange mit deinen Umweltthemen traktiert, dass wir jetzt auch mal vorbildlich sein wollten!« »Sehr schön«, sagte Töpfer, was sie denn mit dem alten Gerät gemacht hätten? Die Antwort: »Der steht jetzt im Keller und kühlt den Wein.«

So geht Nachhaltigkeit heute. Man muss nur irgendein Produkt kaufen, auf dem ein Etikett prangt, das grün oder blau ist und auf dem irgendetwas mit »Öko« oder »Eco« oder »Bio« steht und am besten noch eine von Grün nach Rot laufende Skala zeigt, auf dem es selbst, das Produkt, ganz tiefgrün ist, schon hat man eine nachhaltige Konsumentscheidung getroffen. Was natürlich besonders dann Unsinn ist, wenn man entweder so ein Produkt zuvor noch gar nicht gehabt hat oder wenn es, wie im obigen Beispiel, als zweites, drittes oder viertes neben schon vorhandene tritt. Also: Auch die kompostierbare Plastiktüte ist eine zusätzliche Plastiktüte, und es brauchte Öl, Energie, Chemikalien und Maschinen, um sie herzustellen. Genauso wie der A+++-Kühlschrank erst mal aus tausend Teilen aus hundert Werken in zehn verschiedenen Ländern zusammengebaut werden und per Containerschiff ins Bestimmungsland transportiert werden musste, bevor er dann per Spedition beim Kunden angeliefert und angeschlossen wurde und fortan sein energieeffizientes Werk verrichten konnte.

Und nun die Rätselfrage: Woran mag es bloß liegen, dass in einem Land wie unserem die allermeisten im Vollbesitz eines ausgeprägten Umweltbewusstseins sind, sich aber der Verbrauch von Material und Energie gleichwohl immer weiter erhöht? Genau! Daran, dass die Produkte zwar einzeln vielleicht ein paar Prozent effizienter, aber immer mehr, kurzlebiger, größer usw. werden. Welche Effizienzgewinne bleiben denn wohl, wenn sich die Menge der gekauften Textilien oder Möbel alle zehn Jahre verdoppelt? Wenn die Automotoren relativ immer sparsamer, die zugehörigen Autos aber immer größer und immer mehr werden? Oder wenn der schicke neue Mantel »ökofair« produziert wurde, aber leider – online bestellt – nicht gleich passte und erst zweimal zurückgeschickt werden musste, bevor das richtige Maß gefunden war.

Ins Geschäft wäre die Kundin nur einmal gegangen und hätte dreimal probiert, aber so fährt der freundliche DHL-Fahrer dreimal und lädt dreimal das dreimal aufwendig verpackte Mäntelchen ein und aus, was in der Summe bedeutet, dass allein in Deutschland im vergangenen Jahr sage und schreibe 2,8 Milliarden Sendungen verschickt wurden, macht 35 pro Einwohner, vom Säugling bis zur Oma. So meldet es der Bundesverband Internationaler Express- und Kurierdienste, den das im

Unterschied zur Umwelt sehr freut. Aber es freuen sich auch andere, nämlich die einzelnen Kurierdienste, die Hersteller von Lieferwagen, die Tankstellen, die Verpackungsindustrie, die Bauwirtschaft. Moment, die Bauwirtschaft? Ganz einfach: Weil die Logistik Logistikzentren braucht, weil die ganzen Pakete ja mehrmals umgeschlagen werden müssen auf ihren Wegen von den Händlern zu den Kunden. So ein Zentrum hat schon mal 100 000 Kubikmeter umbauten Raum und braucht dieselbe Fläche noch mal für Zu- und Abfahrtswege.

Glaubt eigentlich wirklich jemand, dass eine Welt nachhaltig werden kann, die buchstäblich jeden Tag den Aufwand erhöht, um neue Dinge in größerer Zahl mit höherer Geschwindigkeit herzustellen, zu verkaufen und auszuliefern? Ach so: Als Nächstes kommt übrigens »Same-day Delivery«, weil es viele Kunden doch echt schöner finden, wenn der Mantel direkt nach dem Auftreten des unstillbaren Kaufbedürfnisses zugestellt (und wieder zurückgeschickt) wird. Ach ja: Und dasselbe passiert maßstabsgetreu überall auf dem Planeten. Ach Gott: Und all die Institute und Experten, die die Öko-, Eco-, Bio-, Green- und Blue-Label vergeben, die brauchen ja auch alle Häuser, Labore, Computer, Drucker, Logistik, um die ganzen Effizienzgewinne messen und auf ihre schicken Label drucken zu können, die dann auf die Verpackungen gepappt werden.

Wie jetzt? Das bringt alles nix? Nein, kann ja auch gar nicht. Denn was wir hier in nur beliebigen Ausschnitten sehen, ist die Verwandlung nachhaltiger in nichtnachhaltige Praktiken, wie sie in rasanter Geschwindigkeit überall auf der Welt geschieht. Hierzulande boomt die Logistikbranche, in China der Automarkt, in Indien die Fleischindustrie. Hier kommt das Produkt zum Kunden statt in den Einzelhandel, in China wird das Fahrrad durchs Auto ersetzt, in Indien das vegetarische Essen durch die statusträchtige Fleischmahlzeit. Alles das bedarf eines vervielfachten Aufwands, auf den am hintersten Ende der Wertschöpfungskette jemand ein Nachhaltigkeitssiegel klebt. Echte Nachhaltigkeit bekommt man nur, wenn man Aufwand vermeidet, aber nie, wenn man ihn erhöht. Deshalb darf man sich erinnern, dass zum Beispiel dieses Land vor, sagen wir, 40 Jahren erheblich nachhaltiger war als heute, obwohl damals kein Mensch mit dem Wort etwas anfangen konnte. Die Kaufkraft war geringer, die Produkte waren umgekehrt teurer, aber höherwertiger und regionaler, also in Sachen Dauerhaftigkeit und Herstellungsaufwand nachhaltiger, und niemand hatte 10 000 Dinge im Haus, wie es heute durchschnittlich der Fall ist. Zu diesem Produktinferno gibt es in der Wachstumswirtschaft immer mehr Konsumstress, Burn-out, Entscheidungsdruck und Neid gleich mit dazu, »all inclusive«.

Die Designprofessorin Julia Lohmann rät, sich vor jeder Konsumentscheidung die Frage zu stellen: »Will ich dieses Ding in mein Leben lassen?« Und das ist mal eine Frage, die das Leben nicht nur leichter macht, sondern auch tatsächlich nachhaltiger.

6

Abkoppelung von da draußen

... über Smartphones

Sprechen wir heute mal über Ökologie. Nein, nicht was Sie jetzt gleich denken: Umwelt, Klima und Nachhaltigkeit und so. Sondern über Ökologie in dem umfassenden Sinn, wie sie der alte Ernst Haeckel definiert hat: als die Beziehungen von Organismen zu den Umwelten, die sie umgeben und von denen sie ein Teil sind. Bei dieser ältesten Definition von Ökologie kommt ja ein bisschen mehr in den Blick als in der modernen Optik, die Ökologie für eine Angelegenheit des Umweltschutzes hält – nämlich, wie wir uns selbst als Teil unserer Umwelt verändern, wenn sich in dieser Umwelt etwas verändert.

Wenn wir mal unsere soziale Umwelt im Haeckel'schen Sinn ökologisch betrachten, was sehen wir dann? Im öffentlichen Raum beziehungslose Menschen, die vor allem auf Bildschirme starren. Nicht nur, wenn sie auf den Bus oder die Bahn warten oder darin sitzen, sondern auch, wenn sie gehen, sich unterhalten, gelegentlich sogar am Urinal auf der Herrentoilette. Wie das auf Damentoiletten ist, weiß ich nicht, aber ich bin sicher, dass an den ehemals stillen Örtchen heutzutage geschlechterübergreifend telefoniert wird, wie ja überhaupt überall alle telefonieren, falls sie nicht auf Bildschirme starren. Manche können auch beides gleichzeitig, starren und sprechen. Neulich habe ich gehört, dass Menschen weniger rauchen, weil die Zigarette beim Tippen und Wischen auf dem Bildschirm stört, auch das deutet an, wie tief das Smartphone in die Ökologie unserer Kommunikation und unseres Verhaltens eingegriffen hat.

Wann haben Sie das letzte Mal jemanden in einer fremden Stadt nach dem Weg gefragt? Probieren Sie es aus: Sie werden dann erleben, wie jemand mit dumpfem Ausdruck seinen Blick vom Bildschirm hebt und sie verständnislos anstarrt, weil er *angesprochen* wurde. Weil Sie ihn aus seinem exklusiven Raum der Kommunikation mit seiner persönlichen Maschine herausgerissen haben. Und weil er nicht versteht, wieso Sie nicht einfach auf *Ihren* Bildschirm starren, wenn Sie den Weg wissen wollen. Und ist Ihnen auch schon aufgefallen, dass das Flirten ausgestorben ist? Denn alle haben ja ihren eigenen privaten kommunikativen Raum, in den von außen kein Zufall, keine Spontaneität, keine Begegnung mehr eindringt. Das Erste, was Menschen tun, wenn sie einen Warteraum, eine S-Bahn, ein Lokal betreten und dabei allein sind: ihr Smartphone herausholen und auf den Bildschirm starren. Dass in diesem Warteraum, in der S-Bahn oder im Lokal selbst etwas geschieht, dass es die Möglichkeit ungeplanter Begegnungen, Blickkontakte, ja eines Lächelns gäbe, ist von vornherein ausgeschlossen.

Die Ökologie des sozialen Raums ist reduziert auf die bloße Anwesenheit von Körpern; deren Kommunikation findet außerhalb statt, in dem exklusiven, hermetischen Raum, den das Smartphone und sein Benutzer bilden. Ich habe schon Menschen gesehen, die zückten am Abfluggate gleich zwei Geräte und ließen die miteinander kommunizieren, und ich habe Paare beim Dinner gesehen, die sich beide mit ihren Telefonen beschäftigten und dabei teilnahmslos Nahrung einschaufelten. Als ich das letzte Mal auf einem Rockkonzert war, hielt ungefähr ein Viertel der Besucher unablässig ein Smartphone in die Luft, um das Konzert aufzuzeichnen. Manche unterhielten sich dabei. Sie waren also erlebnishaft gar nicht da, sondern konservierten lediglich ein Erlebnis, das sie gar nicht hatten. Bei einem wirklich aufregenden Whale Watching vor La Palma dasselbe: Alle sahen diese wunderbaren Tiere nur gefiltert durch die Linse ihres Smartphones, obwohl sie direkt vor ihnen waren. Vorletztes Jahr wurde eine Studie veröffentlicht, die zeigte, dass Menschen sich nach einem Museumsbesuch nicht daran erinnern konnten, was sie gesehen hatten, weil sie immer gleich alles fotografiert hatten. Die Exponate existierten zwar auf einem Speicherchip, waren aber gar nicht in ihr Gedächtnis vorgedrungen. Kein Wunder, dass sie sich nicht erinnern konnten.

Wir sehen also eine rasant fortschreitende Abkoppelung der Menschen von ihrer Umwelt, indem sie das Bild, das sie sehen könnten, durch ein Abbild ersetzen, das sie wahrscheinlich ohnehin nie anschauen werden, denn wer wird sich denn all die sinn- und zusammenhangslosen Fotos ansehen, die stets und dauernd überall geschossen werden? Bei Wilhelm Busch gibt es den berühmten Mister Pief mit seinem »großen Perspektiv«, der die Landschaft durchwandert und dabei immer nur durch sein Fernrohr blickt, mit der großartigen Begründung: »Schön ist es auch anderswo, und hier bin ich sowieso.«

Der fiel aber auf (und dann noch in einen Teich). Heute bemerkt gar niemand mehr die Absonderlichkeit, die darin liegt, dass man die lebendige, und das heißt ja immer: die überraschende Beziehung durch eine gefilterte, künstliche, voreingestellte ersetzt. Diese Verengung des sozialen Raumes durch das Smartphone kommt vielleicht am deprimierendsten im Selfie zum Ausdruck. Davon werden täglich Millionen gemacht, obwohl sich kein Schwein dafür interessiert, wer sich selbst gerade wo und warum fotografiert, und das natürlich ganz zu Recht. Denn so ein Foto ist ja auch nur für einen selbst interessant und für niemand anderen. Warum? Ganz einfach: Weil es keinen Bezug zu etwas außerhalb seiner selbst hat. Aber Kommunikation, egal ob sprachlich, musikalisch, visuell, gewinnt immer nur durch den Bezug auf etwas außerhalb der Person Bedeutung. Durch die Beziehung zu anderen.

Eine Welt aus lauter Selfies wäre die engste, die man sich vorstellen kann. Vergessen Sie also Ihr Smartphone und holen Sie das Unerwartete zurück in Ihr Leben. Sie werden überrascht sein, was es da draußen alles gibt.

7

Fortschritt durch Rückblende

... über Fremdversorgung

Vor dem Reichstag in Berlin erstreckt sich ein riesiges Kohlfeld; im Tiergarten gegenüber dem Brandenburger Tor wachsen Steckrüben. Überall im Stadtgebiet gibt es öffentliche Brunnen, an denen man Wasser für sich oder die Pflanzen pumpen kann. Die Menschen tragen Rucksäcke und sind viel zu Fuß unterwegs. Man redet miteinander, scherzt, geht sich zur Hand, es herrscht allgemeine Betriebsamkeit. Was denken Sie? Ist das ein Zukunftsbild aus der Welt des »urban gardening« und der »essbaren Städte«, wie sie gegenwärtig groß in Mode kommen – seit man entdeckt hat, dass Stadt auch noch ganz anders als zum Ein- und Auspendeln zur Arbeit und zum schicken »urban living« genutzt werden kann? Oder handelt es sich vielleicht um eine Idee des Bundespräsidenten, inspiriert von Michelle Obamas Gemüsegarten vor dem Weißen Haus?

Nichts von alledem: Es ist eine Rückblende. Im Zuge des Marshallplans haben die Amerikaner Filme gedreht, die die Europäer und insbesondere die Deutschen mit Demokratie und westlicher Moderne bekannt machen sollten. Diese Filme, von denen zwischen 1946 und 1955 insgesamt 260 gedreht wurden, sind unglaublich interessant. Die deutschen Städte, die ihre Schauplätze liefern, sind so radikal zerstört, dass man sich fragt, wie die Menschen darin überhaupt zurechtkommen und überleben konnten. Aber eine Antwort liefern die Aufnahmen gleich mit: Man sieht zum Beispiel mit Verblüffung, wie überall Kohl und Salat angebaut werden – heute würde man das vermutlich »survival gardening« nennen. Und plötzlich stellt man sich beim Anschauen der Filme auch ganz einfache Fragen: Woher haben die in all der Zerstörung eigentlich Wasser? Wie kommen die von A nach B? Und wer organisiert das bloß alles?

Gute Fragen. Wo würden Sie heute in einer zerstörten Stadt Wasser herbekommen? Von Tankwagen, wie man es manchmal in der Tagesschau sieht, wenn Kriegsflüchtlinge versorgt werden. Wenn aber die Straßen zerstört sind oder Tankwagen nicht vorhanden, wie 1945 in Berlin? Die schlechte Nachricht also: Heute würden Sie nichts bekommen, und es stünde sogar zu befürchten, dass Ihnen auch kein Getränkemulti Wasser in diesen schicken Plastikflaschen liefern würde. Die deutschen Städte hatten nach dem Krieg noch ein System der öffentlichen Wasserversorgung, das im 19. Jahrhundert angelegt worden war. Auf jedem Platz gab es Pumpen, weshalb es kein Versorgungsproblem gab. Seit der Nachkriegszeit gibt es die nur noch auf Friedhöfen, überall sonst sind sie abgeschafft. Man hätte heute keine Versorgung mehr, aber dafür Worte, die es früher noch nicht gab.

»Resilienz« zum Beispiel. Das bedeutet: Widerstands- und Bewältigungsfähigkeit, die Fähigkeit, sich nicht so schnell aus der Bahn werfen zu lassen. Sich helfen zu können, wenn die Fremdversorgung versagt. Improvisieren, reparieren, organisieren zu können, wenn die öffentlichen Infrastrukturen kollabiert sind. Nur: In unserer Kultur wächst das Maß an Fremdversorgung immer weiter an, was umgekehrt bedeutet, dass die Resilienz immer weiter abnimmt. So betrachtet ist es schon gut, dass überall in den Städten Repair Cafés, Tauschbörsen, Gemeinschaftsgärten aufmachen, ja, dass es seit einigen Jahren sogar eine ganze »essbare Stadt«, nämlich Andernach, gibt. Dort sieht es überall so aus wie 1946 vor dem Berliner Reichstag. Und in Berlin arbeitet die Initiative A-tip-tap erfolgreich daran, dass wieder öffentliche Wasserstellen eingerichtet werden; einen ersten öffentlichen Brunnen gibt es schon, in Neukölln. Ein anderes Projekt, Flussbad e.V., will den Spreekanal, mitten im touristischen Zentrum der Stadt, zu einem öffentlichen Schwimmbad machen. Wieder – um genau zu sein –, denn vor hundert Jahren gab es in allen Städten noch öffentliche Flussbadeanstalten, 15 allein in Berlin.

So, und damit zum Punkt: Was sind all diese Beispiele? Rückeroberungen von Möglichkeiten, die es schon mal gab. Kultureller Fortschritt, zeigt das, ist keineswegs identisch mit technischem Fortschritt, manchmal kann der sogar zum genauen Gegenteil führen, nämlich zum Vergessen, was einmal möglich war. Mich irritiert ja schon länger, dass allgemein die Meinung vorherrscht, Nachhaltigkeit sei etwas, das erst noch erfunden werden müsse.

So fragte mich neulich eine junge Frau, wie sie denn um Himmels willen den Leuten aus ihrem oberbayerischen Dorf Begriffe wie »share economy« und »commons« erklären solle? Ich riet ihr, die Leute einfach mal zu fragen, wie sie vor 30, 40 Jahren ihre Häuser gebaut haben, in wechselseitiger Nachbarschaftshilfe nämlich. Apropos: Wäre es nicht Zeit, sich mal zu erinnern, dass jede öffentliche Leihbücherei »sharing« seit hundert Jahren perfekt praktiziert, genauso wie öffentliche Sportplätze, Schwimmbäder, Theater?

Das wär doch mal ein Sammelgebiet: Was war eigentlich alles nachhaltig, bevor das Wort in Mode kam? Übrigens haben die Marshallplan-Filme die Welt nicht nur auf ihre Weise erklärt, sondern versucht, den Leuten vor allem zu vermitteln, wie nicht nur sie selbst, sondern auch ihre Gesellschaft wieder auf die Beine kommen könnte. Dabei, und da kommt man aus dem Staunen kaum noch heraus, fällt kein einziges Mal das Wort »Wachstum«. Entwicklung schon, Aufbau auch, aber jenes magische Wort, das heute die Restgröße politischer Phantasie darstellt, gab es damals offensichtlich noch nicht. Ach so: Die Filme bekommt man übrigens kostenlos bei der Bundeszentrale für politische Bildung, auf DVD. Ihr Titel? »Selling Democracy.« Auch das war damals anders gemeint, nicht als Ausverkauf der Demokratie, wie in der share economy, die ja so heißt, weil künftig alles etwas kosten soll. Sondern als Angebot zum Mitmachen.

8

Es piept wohl!
… über Aufrüstung

Früher war ein Bagger ein monströses, meist gelbes, manchmal orangefarbenes riesiges Ding mit Raupenantrieb, das irrsinnig laut war und mit dem man buddeln oder schwere Dinge bewegen konnte. Heute ist ein Bagger immer noch ein monströses, meist gelbes, manchmal orangefarbenes riesiges Ding mit Raupenantrieb, das irrsinnig laut ist und mit dem man buddeln oder schwere Dinge bewegen kann. Es gibt nur einen Unterschied: Heute piept der Bagger.

Offensichtlich hat sich jemand in einer Behörde Gedanken darüber gemacht, dass so ein Bagger nicht ungefährlich ist. Er steht nämlich nicht nur auf der Stelle, sondern fährt manchmal, und das nicht nur vorwärts, sondern oft auch zurück. Und wenn er zurückfährt, könnte ja zufällig jemand genau hinter ihm stehen, der ihn irrwitzigerweise gar nicht bemerkt hat und sich dadurch in einer Situation allerhöchster Gefahr befindet. Deshalb piept der Bagger beim Rückwärtsfahren, und ich sage Ihnen: So ein Bagger fährt oft rückwärts, sehr oft. Der, über den ich hier berichte, fährt ungefähr 150 Meter von mir entfernt sehr oft rückwärts, und er piept dabei so laut, dass selbst die Dreifachverglasung unseres Passivhauses nichts nützt. Allerdings nützt die auch nichts gegen das normale Betriebsgeräusch des Baggers. Dessen Motor läuft nämlich, und die Schaufel baggert, und die Raupen knirschen, weshalb das mit dem Piepen gar nicht nötig wäre. Aber so macht der Bagger auch ein Geräusch, wenn er gar nicht baggert – und dass er genau das soll: Das wird sich der Mann in der Behörde gedacht haben. Zur Sicherheit.

Das Gelände, auf dem der piepende Bagger baggert, wird bald voller »Townhouses« stehen, für deren Tiefgarage hebt der Bagger den Boden aus, ganz allein, so dass er niemanden überfahren könnte, der ihn nicht bemerkt hätte. Ich wäre jetzt versucht, noch weiter abzuschweifen und darüber zu schreiben, dass diese »Townhouses« früher, als noch nicht alle dauernd angeben mussten, »Reihenhäuser« hießen, was sie ja auch sind. Und dann würde ich mir die Frage stellen, ob es denn auch »Townmittelhouses« oder gar »Townendhouses« gibt, was mich aber zu weit vom eigentlichen Thema wegführen würde. Das nämlich heißt: Aufrüstung.

Aufrüstung ist eine Strategie zur Erhöhung von Sicherheit. Je mehr Aufwand ich gegen eine Gefahr einsetze, desto sicherer kann ich leben. Deshalb ist der Bagger so schwer aufgerüstet, dass bundesweit Abertausende unschuldige Anwohner sein Piepen ertragen müssen. Und deshalb entscheiden sich zum Beispiel auch immer mehr Autokäufer dafür, größere Autos zu kaufen, um den gleichfalls immer größeren Autos der anderen nicht mehr unterlegen zu sein. Um dann vor allem die Kinder besonders sicher morgens in die Schule zu bringen, weshalb es immer wieder zu Unfällen vor den Schulen kommt, weil die Mamis und Papis in ihren riesigen Autos beim Ausparken die Kinder übersehen, die ja nicht in gleichem Maße mitgewachsen sind wie Autos. In denen piept es im Unterschied zum Bagger übrigens nicht draußen, sondern drinnen, dann aber meistens zu spät.

Und wo wir gerade bei der Autoaufrüstung sind: Ist Ihnen auch schon aufgefallen, dass die Autos jetzt alle unglaublich gleißende Lichter vorne und hinten haben, die ihnen die Anmutung einer Kirmesbude geben und auch am helllichten Tag so intensiv leuchten, dass man den Blick irgendwo hinwenden muss, wo es weniger weh tut? Die Autohersteller beschäftigen dafür Scharen von Lichtdesignern, deren Hauptaufgabe in Sichtbarkeitsaufrüstung und ästhetischer Niedertracht besteht.

Möglich wurde das durch die Entwicklung von LEDs, was lichtemittierende Dioden sind, die mit vergleichsweise wenig Energie vergleichsweise viel Helligkeit erzeugen. Anstatt es nun aber bei weniger Energie zu belassen, nutzen die Lichtdesigner die Technologie zu mehr Helligkeit. Darauf reagieren natürlich sofort die unterlegenen Verkehrsteilnehmer, weshalb Sie seit einiger Zeit beim Spazierengehen von Radfahrern mörderisch geblendet werden, die sich die neueste LED-Technik an den Lenker geschraubt und so eingestellt haben, dass Entgegenkommende gar nichts mehr sehen, außer, genau wie bei den Autos, das gleißende Licht, und das alles immer auch am Tag, wo es doch schon herkömmlicherweise Licht gibt. Alles zur Erhöhung der Sicherheit.

Aber jetzt kommt's: Da dieses allgemeine Lichtinferno dazu führt, dass alle Gegner, auf die die neuen Lichtkanonen gerichtet sind, schlechter sehen, müssen sich die schwächsten Verkehrsteilnehmer, also die Fußgänger, Jogger und wiederum die Radfahrer, etwas einfallen lassen, um ihre eigene Sichtbarkeit in der allgemeinen Helligkeit zu erhöhen. Deshalb werfen sie sich gleißende grüne oder orangefarbene oder gelbe Warnwesten über und sehen jetzt alle aus wie Straßenbauarbeiter, womit wir direkt wieder beim aufgerüsteten Bagger angekommen wären, dessen Baggerführer heute ja auch gar nicht mehr unterscheiden kann, ob die Personen in seinem Wirkungsbereich Bauarbeiter oder Passanten sind – und dann macht das mit dem Piepen plötzlich wieder Sinn.

Oder doch nicht? Denn all dem liegt ja nur die Unterstellung zugrunde, dass erwachsene Menschen für zu blöd gehalten werden, auf sich selbst aufzupassen. Hat, im Ernst, schon mal jemand einen Bagger übersehen? Und hat umgekehrt die Entmündigung von Menschen jemals dazu geführt, dass ihr Leben sicherer geworden ist? Im Gegenteil: Je mehr Autonomie man an Regeln und an Technik abgibt, desto unfähiger wird man, für sich selbst Verantwortung zu tragen. Und spätestens dann nützt es auch nichts mehr, wenn's piept.

9

Machen die ihren Job richtig?

… über Gipfeltreffen

Stellen Sie sich vor, Sie hätten 140 Millionen Euro Steuergeld auszugeben. Was würden Sie damit machen? 100 Schul- und Universitätsgebäude sanieren? 200 Kindergärten? Ein paar hundert Sozialpädagogen an die Schulen holen, damit sie den Lehrerinnen und Lehrern helfen umzusetzen, was neudeutsch »Inklusion« heißt, aber einstweilen nicht mehr als eine begrifflich aufgedonnerte Sparmaßnahme ist? Sie könnten auch eine Menge öffentliche und daher marode Bibliotheken, Schwimmbäder oder Stadttheater fördern oder was Ihnen auch immer zur Hebung des Gemeinwohls einfällt.

Sie können aber auch, wie die Bundesregierung und der Freistaat Bayern es tun, die 140 Millionen Euro so ausgeben: ein Luxushotel am Wetterstein anmieten, um ein paar Stunden mit sechs Kollegen zu reden. Wieso das 140 Millionen kostet? Nun, weil es ein Gipfeltreffen ist, zu dem die sieben Regierungschefs der selbsternannt wichtigsten Industrieländer der Welt zusammenkommen, was es erforderlich macht, Zuwege zu planieren, Gas- und Wasserleitungen zu verlegen, einen Hubschrauberlandeplatz zu bauen, drei Wochen lang 180 Gäste einzubuchen, ein Jahr vorher 60 Experten mit dem Sicherheitskonzept zu befassen, das fürderhin so ausgearbeitet wird, dass am Ende 15 000 Polizisten das Hotel sichern, Hubschrauber kreisen, Grenzschutz, BKA, Feuerwehr und ein Rudel Geheimdienstleute auf der Hut sein werden. Ich meine: Das ist gut angelegtes Geld für ein paar Fototermine und eminent wichtige Gespräche zum Fortbestand des Planeten.

Damit man sich bei den Gesprächen nicht hetzen muss, werden Obama, Hollande und die anderen vor Ort übernachten, klar, deshalb hat man ja auch ein Hotel gemietet. Natürlich ist total geheim, wer welche Suite bekommt, und niemand verrät vorher, was es zu essen gibt. Jede Gurke wird schon Wochen im Voraus kontrolliert, wegen der Sicherheit. Die Besorgnis um das sensible Ökosystem am Berg fällt da vergleichsweise gering aus, es wird ja hinterher auch alles wieder rückgebaut, die Zuwegung, der Landeplatz und so weiter.

Jetzt mal im Ernst: warum treffen sich diese sieben Leute nicht beispielsweise im Pentagon? Da ist es schon sicher und muss es nicht erst für horrende Mittel aus Steuergeldern gemacht werden. Da fliegen die sieben dann hin, können bei dem Auslandsbesuch noch ein paar Staatsgeschäfte erledigen und fertig. Kostet im Vergleich praktisch nichts und ist garantiert sicherer als die Sache mit dem Hotel. Und nervt weniger. Und erzeugt vor allem keinen sinnlosen Aufwand mit immensen Kosten, nicht nur ökonomischer, sondern auch ökologischer Art. Denn darin sind ja solche Gipfel symptomatisch: Über die ökologischen Kosten der Angelegenheit – Flugbewegungen, Bauaufwände, Logistik, Unterbringung, Transport der Sicherheitskräfte etc. – spricht kein Mensch. Was nur zum Ausdruck bringt, an welcher Stelle Nachhaltigkeit in Gesellschaften unseres Typs steht: irgendwo am Schluss.

Niemand käme ja auf die Idee, Nachhaltigkeitsgesichtspunkte in die Frage einzubeziehen, ob und unter welchen Umständen solche Gipfeltreffen, Staatsbesuche, Sicherheitskonferenzen sinnvoll und akzeptabel sind. Es ist diese fatale Trennung, die eine nachhaltige Praxis immer noch blockiert: Die Politik hat das Primat, und die Wirtschaft hat das Primat, und die Sicherheit hat das Primat, und die Show hat das Primat, und der Komfort hat das Primat, und wenn das alles gewährleistet ist, dann machen wir noch was mit Nachhaltigkeit – ganz am Ende.

Übrigens: Warum hat das eigentlich alles Priorität? Nehmen wir mal das Beispiel Münchener Sicherheitskonferenz. Bei diesem alljährlichen Zusammentreffen von Sicherheitspolitikern, Sicherheitsexperten und Vertretern der Rüstungswirtschaft werden 18 500 Polizisten aufgeboten, damit nichts passiert. Bedeutet dieser Aufwand, dass die Leute, die dort konferieren, ihren Job gut oder schlecht machen? Kurz überlegen. Wenn sie ihn gut machen würden, gäbe es ja die Sicherheit, die den ganzen Aufwand unnötig machen würde. Gibt es aber offenbar nicht, weshalb die Steuerzahler den Aufwand für Leute bezahlen, die selbst den Nachweis führen, dass sie unfähig sind, Sicherheit herzustellen.

Noch aufschlussreicher schien mir, als es sich die Spitzen der Politik bei der Demonstration nach dem Mordanschlag auf die Redaktion von »Charlie Hebdo« und den jüdischen Supermarkt nicht nehmen ließen, untergehakt an der Spitze des Zuges für die Demokratie und die Pressefreiheit zu demonstrieren. Leider nur scheinbar. Den Sicherheitsleuten schien es hinreichend, dass die Staatenlenker in Paris ihren Mut in einer Nebenstraße für eine halbe Stunde Fotosession symbolisierten. Man muss sich das vorstellen: Eine ganze Nation geht auf die Straße und trauert um diejenigen, die für die Verteidigung der westlichen Freiheitsideale getötet wurden, und die Politik traut sich nicht mal, öffentlich und in Person vielleicht eine Stunde lang für eben diese Ideale einzutreten. Kein Wunder, dass die Achtung vor der Politik europaweit kontinuierlich sinkt: Man nimmt ihr übel, dass sie nichts so ernst zu nehmen scheint wie sich selbst.

Womit wir wieder bei den 140 Millionen Euro wären, die ausgegeben werden, damit sich sieben Leute treffen. Es wäre doch mal eine Demonstration von Ernsthaftigkeit, zu der es übrigens angesichts der internationalen Konfliktlagen allen Anlass gibt, so etwas professionell als Arbeitstreffen mit dem geringstmöglichen Aufwand und größtmöglicher Konzentration durchzuziehen. Das wäre auf jeden Fall ein Fortschritt in Sachen Nachhaltigkeit, und wenn wir Glück haben, werden sogar die Ergebnisse besser.

10

Zwei sichere Wetten

... über Mitmenschlichkeit

Jetzt hätte ich Lust, mit Ihnen zu wetten. Weil ich mir ziemlich sicher bin, dass Sie verlieren werden (ich denke das meistens, verliere dann komischerweise aber doch). Aber jetzt: Welches Land auf dieser Erde nimmt die meisten Flüchtlinge auf? Wetten, dass Sie das nicht wissen? Ein paar Zahlen, während Sie überlegen: Gegenwärtig sind ungefähr 51 Millionen Menschen weltweit auf der Flucht. Da ist Syrien noch nicht mit gerechnet, die offiziellen Zahlen reichen nur bis Ende 2013, und Syrien hat den Hotspot des Fluchtgeschehens seitdem verschoben: Lange kamen die meisten Flüchtlinge aus dem asiatischen und pazifischen Raum, heute kommen sie aus dem Nahen Osten und aus Nordafrika. Syrer stellen gegenwärtig fast die Hälfte aller Flüchtlinge. Wir sehen ja täglich die Nachrichten über diese Menschen, die in untüchtigen, maroden Booten über das Mittelmeer nach Europa zu kommen versuchen.

Ja, die wollen alle nach Europa. Nein, sagen die europäischen Außenminister (das sind die von dem Kontinent, der sich am meisten auf seine Humanität und das Lernen aus historischer Erfahrung zugutehält), nein, nein, wenn wir die alle aufnehmen, die hierher wollen, dann überlasten wir die Sozialsysteme und befördern die Rechtsextremen, für die es ja nur Wasser auf ihre Mühlen ist, wenn zu viele Flüchtlinge kommen. Moment: Die Rechtsextremen sind doch die, die die Flüchtlinge aus rassistischen Gründen nicht haben wollen. Und die europäische Flüchtlingspolitik bekämpft die rechten Populisten, indem sie erfüllt, was die sich wünschen? Okay, das klären wir später. Jetzt erst mal zurück zu unserer Wette. Also: Welches Land nimmt die meisten Flüchtlinge auf? Na? Die USA? Nein, die liegen auf Platz elf, was nicht mal schlecht ist. Frankreich? Platz 16. Deutschland? Haha, verloren! Mehr als dreimal raten ist nicht.

Deutschland liegt ganz weit hinten und kommt nicht mal unter die ersten 20. Und wer liegt vorn? Pakistan! Dann folgt mit sich rasch verringerndem Abstand der Libanon, dann kommt ein weiterer »Schurkenstaat«, der Iran. Dann die Türkei, Jordanien, Äthiopien, Kenia, der Tschad, Uganda, China. Das habe ich mir nicht ausgedacht, diese Reihenfolge liefert der Flüchtlingskommissar der Vereinten Nationen – und zwar für 2015. Sie schnappen schon nach Luft? Dann müssen Sie jetzt noch mal ganz tapfer sein: Während vor zehn Jahren 70 Prozent aller Flüchtlinge von Entwicklungsländern aufgenommen wurden, sind es heute wie viel? Na? 86 Prozent!

Liebe Außen- und Innenminister der EU, liebe Flüchtlingspolitikerinnen und -politiker der reichsten und sichersten Länder der Welt: Wenn das kein Grund zum Schämen ist! Und vor allem: Wenn das kein Grund ist, ab sofort alles anders zu machen!

Europa war vor 70 Jahren ein Kontinent voller Flüchtlinge. Damals waren es übrigens etwa so viele wie heute, genauer gesagt 55 Millionen. Daher gibt es kaum eine europäische Familie, in der es nicht irgendeine Form von Fluchtgeschichte gibt. Wie kann es sein, dass sich dieser Kontinent in die größte Gated Community der Welt verwandelt hat?

Mir scheint: An den Menschen liegt das nicht. Im Gegenteil tut sich hier einmal mehr eine klaffende Lücke zwischen dem auf, was die Menschen denken, und dem, was die politisch Verantwortlichen denken, was die Menschen denken. Denn wir sehen: Das neue Wiener Viersternehotel Magda, das – abgesehen vom Management – ausschließlich Flüchtlinge beschäftigt. Ältere Damen in Rheda-Wiedenbrück, die zu ihren Kaffeekränzchen Flüchtlinge einladen, um sich gegenseitig Fluchtgeschichten zu erzählen. Die Berliner Design-Manufaktur Cucula, die mit Flüchtlingen Möbel nach Entwürfen des italienischen Designers Enzo Mari baut. Die Münchener Hilfsorganisation Condrobs, die ein gemeinsames Wohnprojekt für 66 unbegleitete junge Flüchtlinge und 44 Studenten entwickelt hat. Die vielen studentischen Wohngemeinschaften, die ein Zimmer für Flüchtlinge freiräumen. Die »Silent University«, die im Internet Seminare und Kurse anbietet, die von den vielen Professorinnen und Dozenten unter den Flüchtlingen gegeben werden. Das Augsburger »Grandhotel Cosmopolis«, das zugleich Hotel, Zuhause für Asylbewerber und Ort für Kulturveranstaltungen ist. Den Brandenburger Harald Höppner, der ein Schiff gekauft und ausgerüstet hat, um Flüchtlinge vor dem Ertrinken zu retten.

Ach, und was wir noch sehen: jede Menge Demonstrationen gegen Neonazis und andere Schwachköpfe, die Flüchtlingsheime anstecken oder Bürgerinnen und Bürgermeister einzuschüchtern versuchen. Wir sehen Menschenketten, die ankommende Flüchtlinge willkommen heißen, Freiwillige, die mit ihnen auf Ämter gehen, Sprachkurse anbieten, Kinder betreuen, Kleider und Bücher verschenken, Nähkurse anbieten. Und und und.

Ganz ähnlich wie im Widerstand gegen die unerträglichen Pegidas wollen sich ganz normale Menschen offensichtlich nicht dem Opportunismus der Politik und eines Teils der Medien anschließen und sich gegenmenschlich verhalten. Ganz im Gegenteil: Sie treten öffentlich wie privat für die europäischen Werte Solidarität, Asyl und Menschenrechte ein. Dass dies die politischen Eliten nicht tun, sondern glauben, mit Abschottung und Zynismus gegenüber Menschen in Not Wählerstimmen gewinnen und rechten Populismus abwehren zu können, zeigt einmal mehr den Graben, der heute zwischen Politik und Zivilgesellschaft besteht.

Dieser Graben ist ein Problem für die Demokratie, nicht der Flüchtling oder der Asylbewerber. Der praktische Einsatz für die Menschenrechte, wie ihn viele Bürgerinnen und Bürger zeigen, ist ein Lehrstück in lebendiger Demokratie. Ich wette, Sie machen dabei mit!

11

Altökos, entspannt euch!

… über grimmige Weltverbesserer

Neulich, auf einer Konferenz, auf der es um alternatives Wirtschaften, um Genossenschaften, um neue Ansätze zur Nachhaltigkeit ging: Das Publikum mehrheitlich in der zweiten Lebenshälfte, Outfit und Redebeiträge zeigten an, dass hier im Raum mehrere hundert Jahre Revolutionserfahrung versammelt waren. Nun aber: neue politische Strategien, neue Bündnisse, neue Verbände … Dem business as usual etwas entgegensetzen … Gemeinwohl, Suffizienz, Achtsamkeit, Glück, gutes Leben … Stimmung: insgesamt besorgt und alarmiert wegen der Zustände in der Welt, insbesondere Kapitalismus etc. pp. Ich leite einen Workshop zur Politik der Nachhaltigkeit, etwa 30 Teilnehmerinnen und Teilnehmer, die meisten schon lange an der vordersten Front der Weltrettung. Irgendwann meldet sich ein junger Mann zu Wort, stellt sich als Architekt vor und sagt: »Ich weiß gar nicht, was ihr alle habt und warum ihr so schlecht drauf seid. Das Leben ist doch schön! Also, ich finde das Leben großartig!«

Entsetzte Stille. Das Publikum ist nachhaltig irritiert, braucht etwas Zeit, sich zu fassen. Dann ein älterer Mann, buntes Hemd, Zopf: »Mein Lieber, was ist das denn für eine Haltung! Siehst du nicht, was läuft? Hast du dir mal die letzten Wahlergebnisse angeschaut?« Der junge Architekt, tapfer: »Ich interessiere mich nicht für Wahlergebnisse.«

Das ist zu viel. Nacheinander erheben zahlreiche Einwenderinnen und Einwender heftige Einwände:

»Haben wir gegen das Atomkraftwerk in Zwentendorf gekämpft, damit jetzt Leute wie du hier sitzen?«

– »Ich kann dir sagen, mit so einer unpolitischen Haltung ändert man gar nichts, das ist wirklich zum Kotzen!« Es hätte nicht viel gefehlt, und irgendwer hätte Teer und Federn geholt. Der junge Mann war sichtlich unsicher. Diese kollektive Aggression hatte er nicht erwartet. Ich auch nicht.

Eine wahrlich absurde Situation: Ein Haufen Leute, die nach eigener Überzeugung unermüdlich an der Herstellung glücklicher Lebensbedingungen arbeiten, und wenn einer sagt, danke sehr, nicht nötig, ich bin schon glücklich, wird er zum Hassobjekt. Selten ist mir die habituell schlechte Laune und das Misanthropische von Teilen der Ökoszene so deutlich geworden wie hier. Wie, bitte schön, kann man glücklich sein, wenn rundherum die Welt untergeht? Wie, um Himmels willen, kann man so unverschämt entspannt sein, wenn gerade der letzte Baum gerodet und so weiter…?

Ein Generationenkonflikt: Die alten Recken der Ökoszene haben sich so eingegroovt in den aussichtslosen Kampf gegen das Unheil in der Welt, dass ihnen zwischenzeitlich völlig entgangen ist, was alles besser geworden ist, und zwar nicht zuletzt durch ihr eigenes Engagement: zum Beispiel, dass es einen Atomausstieg und eine Energiewende gibt, zum Beispiel, dass sich die Lebensformen pluralisiert und liberalisiert haben, was etwa dazu geführt hat, dass die Generation der heute 20- bis

30-Jährigen in einer anderen Welt lebt als ihre Eltern. Und natürlich andere Anforderungen zu bewältigen und Probleme zu lösen hat.

Weshalb man in der jungen Generation heute einen viel pragmatischeren Umgang mit offensichtlichen Fehlentwicklungen vorfindet als in der Vorgängergeneration. Man ist von der Natur, von der Herkunft von Nahrung, von Gemüseanbau und Landwirtschaft entfremdet? Kein Grund, Petitionen und Manifeste zu schreiben, lieber einen Gemeinschaftsgarten aufmachen, auch und gerade mitten in der Stadt! Die Industrie liefert Produkte, deren Akkus man nicht wechseln kann und die so programmiert sind, dass sie nach Ablauf der Gewährleistung den Betrieb einstellen? Gut, machen wir ein Repair-Café auf! Die Supermärkte und Gastronomiebetriebe werfen Nahrungsmittel in großem Stil weg? Gehen wir containern und machen Foodsharing! Die Professoren halten noch dieselben Vorlesungen wie vor 20 Jahren? Organisieren wir unsere eigenen Ringvorlesungen!

Hier, würde ich sagen, entsteht gerade eine neue soziale Bewegung, während die alte offenbar ziemlich in die Jahre gekommen ist. Macht es denn nicht tatsächlich auch mehr Sinn, Dinge zu verändern, neue Richtungen des Teilens und Nutzens von Dingen einzuschlagen, weil es die Spielräume dafür gibt und weil es mehr Spaß macht, selbst aktiv und wirksam zu sein, als immer nur vom Klimawandel und Ökogau zu reden? Und den Irrglauben zu pflegen, dass aus negativen Mitteilungen positive Handlungen folgen? Schlechtgelaunt wird man keinen guten Umgang mit der Welt lernen, und eine autofreie Stadt wäre auch dann gut, wenn es keinen Klimawandel gäbe. Genau deshalb konnte der junge Architekt, der übrigens sehr unkonventionell und nachhaltig baut, so locker mitteilen, er finde das Leben schön. Das ist nämlich ein Ausgangspunkt. Die Apokalypse ist es sicher nicht.

Übrigens auch deswegen nicht, weil die Megaprobleme des Klimawandels, des Raubtierkapitalismus, der globalen Umweltzerstörung immer viel zu groß aussehen, als dass sie lösbar wären. Aber an niemanden von uns ist der Auftrag ergangen, die ganze Welt zu retten, den Klimawandel komplett zu stoppen und den Artenreichtum bitte vollständig zu erhalten. Wenn man sich einreden lässt, es ginge immer um alles und das große Ganze, wird man sich immer ohnmächtig fühlen und nicht mal das Nächstliegende verändern. Verantwortung hat man nicht universell, sondern konkret. Das können die unentspannten Altökos von ihren jungen Nachfolgerinnen und Nachfolgern lernen. Und hier schon mal das erste Lernziel: aufhören, immer recht zu haben.

12

Unser aller Konfliktstoff

... über Straflosigkeit

Neulich habe ich ein ganzes Sommerwochenende auf höchst anstrengende Weise verbracht. Anstatt an einem brandenburgischen Seeufer zu sitzen und aufs Wasser zu schauen, habe ich Stunden um Stunden in den abgedunkelten Sophiensälen in Berlin verbracht, von Freitagnachmittag bis Sonntagabend. Warum? Weil der Theatermacher Milo Rau mich gebeten hatte, auf der Geschworenenbank des Kongo-Tribunals zu sitzen, das in einem simulierten Prozess Menschenrechtsverbrechen im Kongo aufklären und gegebenenfalls verurteilen sollte. Alles war echt: die Richter und Ankläger vom Internationalen Gerichtshof in Den Haag, auch die Zeugen aus dem Kongo und die Sachverständigen. Nur die Jury bestand aus Laien, darunter ich.

Ist das keine Angelegenheit für ordentliche Gerichte, wird man jetzt fragen, muss das im Theater geschehen? Und: Welchen Wert haben Urteile, die keinerlei rechtliche Grundlage haben? Gute Fragen, zugegeben. Dieselben Fragen stellten sich 1967 Bertrand Russell und Jean-Paul Sartre, als sie das Vietnam-Tribunal zur Aufklärung von Kriegsverbrechen der US-Armee an der vietnamesischen Zivilbevölkerung durchführten.

Damals war das ein vielbeachtetes Spektakel, weil der Vietnamkrieg ein öffentlich breit debattierter Krieg war. Anders als der Krieg im Kongo. Der findet seit zwei Jahrzehnten statt und hat zwischen 2,5 und 6 Millionen Menschenleben gefordert, man weiß es nicht genau. Die Öffentlichkeit ist an diesem Krieg nicht interessiert.

Das ist aber seltsam, denn aus dem Kongo kommen rund 80 Prozent des Coltans, das etwa für die Herstellung von Mobiltelefonen gebraucht wird. Und viel Gold und viele andere Rohstoffe, die den Kongo zu einem der reichsten Länder der Erde machen würden, wenn – ja: wenn nicht um diese Rohstoffe ein erbitterter Konkurrenzkampf geführt würde, in dem viele gewinnen. Nur die Kongolesen nicht.

In unserer von Hunger nach Energie, Produkten, Komfort, Mobilität getriebenen Kultur gab es ja schon immer diese empörte Frage, wie es denn angehen könne, dass unser Öl ausgerechnet unter dem arabischen Sand liegt. Mit unserem Coltan, mit unseren seltenen Erden und mit all den anderen Rohstoffen, die wir für unseren Wohlstand brauchen, verhält es sich ähnlich: Niemand in den reichen Ländern würde ja auf sein Smartphone verzichten wollen, bloß weil es Mineralien enthält, die auf kriminelle Weise dort hineingekommen sind. Weil sie auf kriminelle Weise aus dem Boden gekommen sind, im Kongo zum Beispiel.

Wenn man als Geschworener Zeugen befragt, die als Minenmanager plötzlich erkannten, wie sie selbst zu Mittätern von Massakern zu werden drohten, Zeugen, die als Kleinbauern oder Minenarbeiter von ihrem Land vertrieben wurden, weil ein internationaler Konzern einen Nutzungsvertrag mit der korrupten Lokalregierung abgeschlossen hatte, Zeugen, die als Wissenschaftler die Wege von Kleinwaffen vom deutschen Hersteller bis zur afrikanischen Miliz verfolgen oder die als ehemalige Milizionäre berichten, wie ihnen nach mehreren Überfällen nichts anderes mehr übrigblieb, als sich selbst auf die Seite der Gewalt zu schlagen, dann wird so ein Theaterwochenende zu einem, sagen wir, aufdringlichen Erlebnis. Denn über all diesen Einzelereignissen schwebt unausgesprochen ein skandalöses Wort: Straflosigkeit.

Fast all die Verbrechen, die dort im Kongo während der zwei Kriege und in der sogenannten Post-Conflict-Zeit verübt wurden und werden, bleiben straflos. Weil der internationale Strafgerichtshof in Den Haag der Täter nicht habhaft werden kann, vor allem aber, weil es innerhalb des Landes keine Institutionen gibt, die Verbrechen verfolgen könnten. Und weil viele Verträge, zum Beispiel in Sachen Landraub und Vertreibung, legal sind. Der Umstand, dass sie nicht legitim sind, tut juristisch nichts zur Sache. Dass all die Verbrechen, um deren Aufklärung wir uns in diesem simulierten Prozess bemühten, tatsächlich unter der Voraussetzung stattfinden konnten, dass sie straflos bleiben würden: Das hat mich entsetzt. Und als wir schließlich zu einem Urteil kommen sollten, hat mich etwas anderes noch mehr entsetzt: dass man bei solchen Verbrechen nicht nur keine Schuldigen finden kann, sondern auch keine Unschuldigen – von den Opfern abgesehen.

Es sagt sich so leicht dahin, dass in unseren Geräten sogenannte Konfliktmineralien stecken oder dass das begehrteste Gut der globalisierten Wirtschaft Land ist. Aber das ist nur deshalb der Fall, weil wir es für unser Menschenrecht halten, alles so billig wie möglich zu bekommen, egal auf wessen Kosten. Was mir noch nie so deutlich geworden ist wie an diesem Wochenende: dass wir am Ende der Gewaltschöpfungskette sitzen und nichts dabei finden, die Displays der neuesten schicken Geräte zu streicheln, um die neuesten Nachrichten über die aktuellsten Gräueltaten abzurufen.

Aber das war, wie Kritiker eingewendet haben, doch nur Theater! Stimmt, was den Rahmen betrifft. Verhandelt wurde aber die Wirklichkeit.* Habe ich eingangs gesagt, dass dieses Sommerwochenende höchst anstrengend war? Was für eine Arroganz! Jeden Abend stieg ich in einen klimatisierten Regionalzug, ließ mich zügig ins angenehm temperierte Eigenheim fahren und sinnierte bei einem kühlen Bier noch ein bisschen über das Unrecht in der Welt. Man sagt, Länder wie die Demokratische Republik Kongo litten unter dem »Fluch der Rohstoffe«. Ganz falsch! Sie leiden unter dem Fluch derjenigen, die ihnen diese Rohstoffe nehmen. Straflos. Und deshalb mit reinem Gewissen.

---

* Wie sich inzwischen herausgestellt hat, hatte das Theater von Milo Rau höchst reale Folgen. Der zum Tribunal gedrehte Dokumentarfilm rief im Kongo eine breite Bewegung hervor, die u.a. den Rücktritt des Minenministers zur Folge hatte und zur Durchführung einer Reihe lokaler Tribunale führte.

13

Die bessere Variante

… über ungenutzte Handlungsspielräume

Neulich auf dem Fahrradweg. Vor mir einer dieser spät gebä-
renden Väter, Typ angehipsterter Berliner, also Talibanbart und
Holzfällerhemd, trotz seiner 50 Jahre. Vor ihm – nennen wir ihn
Lars – zwei Kinder, ich würde sagen: fünf und sieben Jahre alt,
ebenfalls auf Rädern. Ich klingelte, fuhr parallel zu Lars. Die Kinder zogen es vor, weiterhin nebeneinanderzufahren. Ich schaute
Lars an. Er erklärte mir: Das seien seine Kinder, und seine Kinder bräuchten niemandem Platz zu machen. Im Übrigen ver-
unsichere es sie, wenn jemand hinter ihnen fahre. Ich antwortete Lars: »Gutes pädagogisches Konzept! So machen Sie aus
kleinen Asozialen große Asoziale.« Lars sah mich erschrocken
an, suchte nach einer Entgegnung. Ihm fiel keine ein, ich bog
ab. Fünf Minuten später stand ich an einem rustikalen Gemü-
sestand und erzählte diese Geschichte. Darauf die Gemüsefrau:
»Hätten Sie ihn doch vom Fahrrad geschubst und gesagt: ›Sorry,
aber ich bin auch so erzogen worden.‹«

Neulich in der Bahn von Flensburg nach Hamburg. Ein Zugbegleiter von der Sorte, die man längst ausgestorben glaubte,
dabei war er noch gar nicht so alt. Nennen wir ihn der Einfachheit halber Meier. Auf das Akribischste prüfte Meier alle

Fahrscheine, verlangte zu den Bahncards die Personalausweise, drehte die Dokumente hin und her. Ein nicht sehr seniorenhaft aussehender Herr zeigte eine Seniorenbahncard. Der Zugbegleiter verlangte den Personalausweis, der Herr hatte keinen dabei. »Wie alt sind Sie?« »Jahrgang 1945«, sagte der Herr folgsam. »Ich habe nicht nach Ihrem Jahrgang gefragt, sondern danach, wie alt Sie sind!«, brüllte der Zugbegleiter. Mich erinnerte das an etwas. »Heil Hitler!«, entfuhr es mir spontan, und da war aber was los.

Meier drehte sich um zu mir, sah mich sehr streng an und erklärte mir, das sei Volksverhetzung, und er würde jetzt meine Personalien aufnehmen. Ich entgegnete: »Herr Meier, ich nehme Ihre Personalien auch auf.« Damit nun hatte Meier nicht gerechnet und ging. Wahrscheinlich musste er nachdenken.

Ich glaube, beide Geschichten, so verschieden sie sind, haben etwas gemeinsam. In beiden nämlich spielt Feindseligkeit gegenüber der Welt die Hauptrolle. Lars und Meier: Beide sehen sich umgeben von Menschen, die ihnen oder ihren Kindern oder ihrem Arbeitgeber übelwollen, und beide verteidigen sie sich im Voraus. Sie tun so, als machten sie das für ihre Kinder oder ihr Amt, aber das stimmt nicht. Sie verteidigen ihre eigene Bedeutsamkeit. Und sie leiten daraus Macht ab oder jedenfalls die Möglichkeit, andere Menschen zu schikanieren.

Damit sind wir bei einem Thema, das mich intensiv beschäftigt: Handlungsspielräume. In modernen, freien, reichen Gesellschaften haben alle Menschen Handlungsspielräume. Die einen benutzen sie, um schlechte Laune zu verbreiten und andere Leute zu schikanieren, andere nutzen sie, um etwas besser zu machen. Ich erinnere mich an eine junge Kellnerin, nennen wir sie Kathy, im völlig überfüllten Zugrestaurant der Bahn, die trotz horrendem Stress unglaublich freundlich und lustig war und jemandem, der im Gang stand, sogar ein leeres Bierfass zum Sitzen brachte. Ich bin sicher, dass das bei der Deutschen Bahn so was von verboten ist, aber Kathy verbreitete auf diese Weise einfach eine wunderbar entspannte Stimmung, wo sonst Aggression geherrscht hätte. Ein älterer Herr gab Kathy beim Kassieren für Kaffee und Kuchen 100 Euro und sagte: »Stimmt so.«

Warum hat er das gemacht? Offenbar wollte er etwas zurückgeben. Weil Kathy aus einer verfahrenen und unzumutbaren Situation, für die sie nicht verantwortlich war, eine ganz zauberhafte gemacht hatte. Handlungsspielräume. Die geläufigen Varianten, Sie alle kennen sie rauf und runter, heißen: »Dafür bin ich nicht zuständig.« »Ich mache die Preise nicht!« »Ich hab die Regeln nicht erfunden.« Die andere geht so: »Schauen wir mal, wie wir das hinbekommen.« »Das wär ja gelacht.« »Das tricksen wir jetzt mal aus, das System.« Im Ergebnis macht Variante zwei die Welt ganz erheblich besser – Sie freuen sich nämlich darüber, geben Freundlichkeit zurück und erzählen es hinterher weiter. Bei Variante eins ärgern Sie sich darüber, ärgern zurück und erzählen das hinterher weiter, wie ich am Anfang dieses Textes. Der Unterschied potenziert sich also, und zwar in beiden Varianten.

Wie werden die Kinder von Lars später sein? Wie Zugbegleiter Meier oder wie Kathy aus dem Speisewagen? Vielleicht haben sie Persönlichkeit und machen die Dinge so, wie sie sie für richtig halten. Vielleicht werden sie in der Pubertät Lars doof finden und alles genau so machen, wie er es falsch findet.

Wir wissen übrigens nicht, woher es kommt, dass Menschen für sich Verantwortung tragen und es als ihre Sache empfinden, ob jetzt eine Situation gut oder schlecht ausgeht. Wahrscheinlich gibt es sogar Waldorfschüler, die wie Meier geworden sind, aus irgendeiner Gegenreaktion heraus oder weil sie es einfach nicht ertragen konnten, dauernd für sich verantwortlich zu sein. Deshalb sind sie so wichtig, die Menschen, die aus ganz unerfindlichen Gründen das Beste aus einer Situation machen. Sie zeigen, dass immer noch mehr in etwas drinsteckt, als man auf den ersten Blick sehen kann. Sie ziehen es hervor, und oft staunt man, wie einfach das dann ist. Und das steckt an, und man hat Lust, es weiterzuerzählen.

Wo ich gerade dabei bin: Da gab es noch den Berliner S-Bahn-Fahrer, nennen wir ihn Kenan, dessen Zug auf freier Strecke stoppte, woraufhin Kenan den Fahrgästen mitteilte: »Liebe Fahrgäste, wir sind hier leider auf unbestimmte Zeit zum Halt gekommen. Aber nicht wegen Störungen im Betriebsablauf. Sondern wegen einer unfähigen Fahrdienstleitung.« Große Klasse! Und noch einer, ebenfalls Berlin. Ich steige in einen Bus, will bezahlen. Der Fahrer, staubtrocken: »Steigense ein. Die Fahrt spendier ick Ihnen.« Haben Sie auch solche Geschichten zu erzählen? Bitte schicken Sie sie mir! Vielleicht machen wir ein Buch draus, zur allgemeinen Verbesserung der Laune!

14

Der reine Sofortismus

… über globale Idiotisierung

Anfang September 2015 entnahm ich der Tageszeitung, dass Google mit dem Pharmakonzern Sanofi eine weitreichende Kooperation beschlossen hat: Mit Hilfe von Patientendaten und neu entwickelten Minichips wolle man sich gemeinsam der Bekämpfung von Diabetes widmen. Okay, dass die Datenkraken intensiv versuchen, in die Gesundheitswirtschaft einzudringen, ist ja nichts Neues. Inzwischen gibt es ja schon AOKs, die ihren Kunden Apple-Watches zur Gesundheitsüberwachung andrehen. Gestolpert bin ich aber über die Erläuterung, dass »Diabetes eines der großen Wachstumsfelder« für die Pharmabranche sei: In Schwellenländern mache sich »ein ungesünderer Lebensstil mit schlechterer Ernährung breit«.

Das liest sich so dahin, aber lassen Sie uns das mal durchdenken. Und zwar von hinten: In den Schwellenländern breitet sich bekanntlich die kapitalistische Wachstumswirtschaft aus und erzeugt nicht nur materiellen Wohlstand in Form von SUVs, Dauersmog und umweltschädlichem Verhalten, sondern sie bringt die Menschen auch dazu, sich immer ungesünder zu ernähren – der Konsum von mehr Fleisch, mehr Fastfood, mehr Softdrinks führt exakt zu den Supersize-Körpern und eben zu den Diabetes-Häufigkeiten, wie man sie etwa aus den USA kennt.

Das ist für die Wirtschaft supergut, weil das Absatzmärkte für jene Industriezweige öffnet, die sich angeblich der Gesundheit widmen, sich in Wahrheit aber über die globale Erzeugung neuer Krankheiten freuen. Genauso wie die Internetkonzerne, die ja unablässig Probleme erfinden, die sie dann mit ihren tollen Algorithmen lösen können. Das ist ein perfekter Teufelskreis, an dem die Teufel prächtig verdienen und in dem die Menschen verblöden. Alle zusammen ruinieren sie das Klima.

Vielleicht sollte ich noch erwähnen, was meine Auffassung zur Klimaproblematik ist: Die menschengemachte globale Erwärmung ist kein Problem an sich, sondern lediglich ein Symptom in einem ganzen Bündel gleichgerichteter Probleme – dazu gehören etwa das Artensterben, der Verlust fruchtbarer Böden, die Überfischung und Übersäuerung der Ozeane und anderes mehr.

Alle diese Einzelphänomene haben nur eine Ursache: zu viel Verbrauch von zu viel Material für zu viel Konsum, der zu viel Müll und zu viel Emissionen erzeugt – bei gleichzeitig mangelndem Vorstellungsvermögen aufseiten der Konsumenten. Es liegt durchaus nahe, sich die Folgen des eigenen Verhaltens nicht vorzustellen, sie kommen ja erst später. Die Vorteile hingegen, die hat man gleich: Die Flugzeit ist jetzt kürzer als die Fahrtzeit mit der Bahn, man kann jetzt zum Christmas-Shopping nach New York. Der Klimawandel kommt auf jeden Fall später als das alles. Man kann sagen: Das Leben ist jetzt, alles andere ist später.

Das war nicht immer so. In Mangelgesellschaften musste man immer vorsorgen für schlechte Zeiten. Aber in Hyperkonsumgesellschaften herrscht der reine Sofortismus: Sobald ein Bedürfnis sich auch nur ahnungsweise regt, wird es befriedigt. Solchen Gesellschaften sind Kulturtechniken wie Vorausschau, Planung, Aufschub, Verzicht fremd geworden, was unter Überlebensgesichtspunkten ein ziemliches Defizit ist.

Und damit zurück zu Google und Sanofi und der Einsicht: Solange unsere Wirtschaft so funktioniert wie im Diabetes-Beispiel, wird sich auch nicht das Geringste tun an der Klimaerwärmung! Denn dieses Beispiel zeigt genauso wie beliebig viele andere: dass die einzige Logik, die heute zählt, die ökonomische ist, und in dieser Logik wird alles und jedes zur Gelegenheit, Geschäfte zu machen. Deshalb begrüßen Pharma- und Datenindustrie die Verschlechterung der Gesundheit der Weltbevölkerung ebenso wie die Fastfood- und Softdrink-Industrien für selbige sorgen.

In dieses Geschäftsmodell lebensfeindlicher Sinnlosigkeit passt die Idee perfekt, man könne dem Klima empfehlen, es doch bitte bei zwei Grad Anstieg bewenden zu lassen – dafür, liebes Klima, senken wir auch unsere Emissionen bis 2050 um 30 Prozent gegenüber 2005, damit wir jetzt erst mal noch mehr raushauen und später ein bisschen absenken können. Bis dahin: mehr Energie für mehr Verbraucher von mehr Produkten, die mehr krank machen, worüber sich dann … na, Sie wissen schon.

Eine Kultur, die glaubt, mit dem Klimasystem verhandeln zu können, ist zweifellos irre. Überall ist die Rede davon, wir lebten in einer Wissensgesellschaft, in der pausenlos Innovationen stattfinden, die das Leben verbessern. Quatsch. Wir leben in einer Welt des auf Hochtouren rasenden Rückschritts und der Hochkonjunktur praktizierter Dummheit. Wie anders soll man beschreiben, dass man ein Lebens- und Wirtschaftsmodell vorantreibt, das die Menschen krank macht? Das die Tiere aussterben lässt und die Welt verschundet? Und mit der Erzeugung neuer Probleme neue Geschäftsfelder erschließt?

Ein solches System beginnt vor seinem Kollaps nicht abzubremsen, sondern steigert seine Zerstörungsintensität, je näher es dem Finale kommt. Was nun in Paris beschlossen werden müsste, ist das Auslaufen des kapitalistischen Geschäftsmodells wegen Unbrauchbarkeit auf begrenztem Planeten. Vielleicht funktioniert es irgendwo anders im All, hier auf der Erde jedenfalls nicht. Danke für das Angebot, Sanofi, Google, aber das können wir nicht gebrauchen. Denkt euch mal was aus, was die weltweite Idiotisierung der Lebensstile aufhält. Das wollt ihr nicht? Okay, ich wusste ja, dass wir das selbst machen müssen.

15

Der Preis des Hyperkonsums

... über scheinbar unaufschiebbare Befriedigungen

Man kann wirklich nicht sagen, dass die Bundesumweltministerin um die Probleme herumredet. Unlängst ist geprüft worden, wie sich die 2007 verabschiedete »Nationale Strategie zur biologischen Vielfalt« auf die Erhaltung von Lebensräumen und Arten ausgewirkt hat. Das ernüchternde Ergebnis lautet: so gut wie gar nicht, fast kein Ziel wurde erreicht, in manchen Bereichen gab es sogar Rückschritte. Grund genug für die Ministerin, eine »Naturschutzoffensive« vorzulegen und Tacheles zu reden: Die Landwirtschaft sei heute das größte Problem für die Natur, dementsprechend gelte es, alle Agrarsubventionen ab 2020 zu streichen. Die freiwerdenden Mittel sollen dann dafür eingesetzt werden, die Bauern für Naturschutzmaßnahmen zu bezahlen.

Das ist super, und ich empfinde es als ungeheuer wohltuend, wenn eine Spitzenpolitikerin nicht nur die Wahrheit sagt, sondern auch bereit ist, dafür jede Menge erwartbare Prügel einzustecken. Denn dass weder die Agrarlobby noch der mächtige Bauernverband wegen ein paar Tierchen und Gräsern mehr oder weniger auf ihre Pfründe verzichten werden – das wird in Europa ja wohl niemand glauben. Na, schauen wir mal: Diese Situation ist nämlich eine von denen, in denen die Politik

Unterstützung von der Bevölkerung braucht. Allein wird Frau Hendricks nämlich die Naturschutzoffensive so wenig durchsetzen können wie Frau Merkel ihre liberale und verfassungstreue Flüchtlingspolitik. Dafür braucht sie uns, zum Beispiel beim Unterzeichnen von Petitionen oder Demonstrieren auf der Straße.

Aber die Umweltministerin hat noch ein anderes Problem, eins, das sogar noch größer ist: Der Kampf für den Naturschutz und die Artenvielfalt ist nämlich immer schon verloren, wenn unsere Wirtschaft eine Wachstumswirtschaft bleibt. Denn Lebensräume für Tiere und Pflanzen gehen ja nicht einfach so verloren, sondern deshalb, weil Onlinehändler Logistikzentren mit riesigem Flächenbedarf bauen, Straßen durch Landschaften gepflügt und die Flächen mit billigen Eigenheimen vom Standardtyp »Flair 113« zugepflastert werden. 73 Hektar gehen dabei jeden Tag in Deutschland drauf, was bedeutet: keine Chance für die Gelbbauchunke. Die Neubausiedlungen heißen dafür »Feng Shui« oder »Country Park«.

Und wenn wir schon, wie Frau Hendricks, mit dem Drumherumreden aufhören wollen, dann müssen wir sagen, dass sich Ziele wie eine jedes Jahr wachsende Wirtschaft und eine geschützte Natur nicht gleichzeitig verfolgen lassen. Biologische Vielfalt lässt sich nur erhalten, wenn der Hyperkonsum mit den immer schneller gelieferten Paketen, den immer größeren Autos und Fernsehern und den immer ferneren Urlaubsreisen aufhört. Das ist so. Aber leider ist es auch so, dass der Trend nach wie vor in die genau entgegengesetzte Richtung läuft, was ein Problem für die Naturschutzoffensive ist.

In derselben Woche nämlich, in der diese veröffentlicht wurde, war in der »Frankfurter Allgemeinen Sonntagszeitung«

ein Interview mit Ralf Kleber zu lesen, und zwar unter der sehr überraschenden Überschrift: »Amazon macht die Welt besser.« Dieser Ralf Kleber ist der Chef von Amazon in Deutschland, und der hat ganz andere Dinge vor, zum Beispiel, mehr Flatrates einzuführen, für den Bezug von bestimmten Produkttypen. »Die Kunden lieben Flatrates«, berichtet er. »Und wir glauben fest daran, dass Einzelabrechnungen das Leben der Kunden oft nur umständlicher machen. Wir als Amazon sind Fans der Einfachheit. Schon in den Anfangstagen in den Neunzigerjahren war das unser Ziel: Das Paket richtet sich nach dem Kunden, es soll dann geliefert werden, wann er möchte. An solchen Dingen für mehr Komfort arbeiten wir. Wir schlagen die Schlacht für mehr Einfachheit.«

Danke, Herr Kleber, für die Deutlichkeit. In einer Schlacht gibt es Gewinner und Verlierer, und wenn die Einfachheit gewinnt, dann verliert logischerweise die Vielfalt. Es kommt aber noch härter: Auslieferungen von dringend begehrten Produkten macht Amazon in den großen Städten heute schon am selben Tag, aber das dauert in unserer schnelllebigen Zeit echt zu lange. »Seit ein paar Monaten testen wir darüber hinaus die Ein-Stunden-Zustellung: Sie ordern, und eine Stunde später wird geliefert.«

Und jetzt muss man sich klarmachen: Jede Verkürzung der unerträglichen Zeitspanne, die sich zwischen das dringende Konsumbedürfnis und seine unaufschiebbare Befriedigung schiebt, erfordert mehr Logistik, mehr Transport, mehr Hallen, mehr Lieferwagen, mehr Energie, mehr Straßen, mehr Pakete, mehr Entsorgung. Macht aber nix für Leute wie Herrn Kleber, denen es ausschließlich um das Zukleistern der Konsumentenhirne mit Bedürfnissen und das Anfüllen der Welt mit Produkten geht, die niemand gebraucht hat, bevor es sie gab. Aber die

Utopie der Weltverbesserer dieses Typs geht ja noch viel weiter: Wenn Sie, sagen wir, im Jahr 2030 Weihnachten feiern, bekommen Sie alle Geschenke schon zu Nikolaus. Schneller ist ja besser. Und Sie bekommen sie direkt von Amazon, weil Ihre Kinder da längst eine Elternflatrate haben, und der Amazon-Algorithmus viel besser als Ihre Kinder weiß, was Sie sich wünschen. Ja, er weiß es sogar besser als Sie selbst, weshalb Sie Ihr Geschenk sicherheitshalber gleich bekommen, bevor Sie noch Zeit haben, darüber nachzudenken.

Ach so, Denken ist in der Amazon-Welt übrigens auch wegverbessert. Braucht man nicht mehr. Genauso wie die biologische Vielfalt: In einer voll asphaltierten Welt klappt der Transport einfach fixer, keine Bäume mehr im Weg. Arbeiten müssen Sie aber noch, irgendwoher muss das Geld für all den Plunder, den Sie dann ungefragt in Echtzeit geliefert kriegen, ja herkommen. Draußen sind Sie deshalb schon lange nicht mehr gewesen. Macht aber auch nix: Da draußen gibt es eh nichts mehr.

Also los: Naturschutzoffensive unterstützen. Wenn einkaufen, dann zu Fuß, dann kaufen Sie automatisch weniger. Wenn Sie Ihre Einkäufe selber schleppen, merken Sie noch, wie schwer sie wiegen. Und fürs Fest: www.zeitstattzeug.de. Viel Freude damit!

16

Souveräne Ignoranz

… über Erziehung im digitalen Zeitalter

Eine erschütternde Nachricht ereilte mich unlängst bei der Zeitungslektüre: Es gebe angeblich noch Branchen, die analog sind! Unfassbar. Babyausstatter zum Beispiel. Ich meine, Kinder sind ja an sich analog, aber ihre Umwelt könnte man schon digitalisieren, zum Wohl von Mutter und Kind.

Und kaum denkt man das, naht schon Hilfe: 4Moms, ein Start-up aus Pittsburgh, das automatische Wiegemaschinen entwickelt und verkauft. Tolle Sache: Man schnallt sein Baby in ein Ding, das aussieht wie eine Kreuzung aus iPhone und Kaugummiautomat, und das wiegt dann den kleinen Goldschatz im Känguru-Modus (hopps-hopps), im Autofahr-Modus (brrm-brrm) oder im Wellen-Modus (kreis-kreis), alles inklusive passender Geräusche. Das ist super, weil Mama in derselben Zeit dann alles Wichtige auf ihrem Smartphone im anderen Zimmer abarbeiten kann, ohne ständig das lästige Kind auf dem Arm zu haben.

Ein Verkaufsrenner – auch wenn mich als moderner Mann der doch arg geschlechtsspezifische Name »MamaRoo« für das Wiegeding ein bisschen stört; als wenn Männer das nicht einschalten könnten! Und dann frage ich mich, was »MamaRoo«

macht, wenn das Kind bei starkem Seegang kotzt, aber vermutlich wird Mom dann sofort über die Kotz-App auf ihrem Smartphone informiert und leitet das Malheur umgehend an das kolumbianische Hausmädchen weiter, zum Wegmachen.

Man lernt so viel, wenn man sich mit solchen Dingen befasst! Zum Beispiel, dass es sogenannte Millennials gibt. Das sind Menschen, die zwischen 1980 und 1995 geboren und mit dem Internet groß geworden sind, und die bekommen jetzt selbst Kinder, und diese Kinder bekommen es gleich von Anfang an voll digital: Sie tragen »Mimo«, das ist eine Kleinkind-NSA, die wie ein Strampelanzug aussieht. »Mimo« überwacht Atem, Liegeposition, Körpertemperatur und schickt alles aufs Smartphone. (Sie wissen schon: für das kolumbianische Kindermädchen oder, Gott behüte, für den philippinischen Kinderarzt.)

Noch mehr Wünsche? Ja, ich verstehe mein doofes Baby nicht, das schreit nur so unartikuliert rum! Kein Problem, da hilft der »Cry Translator«, der übersetzt, was es meint. Und dann haben wir noch das Töpfchen mit iPad-Halter, damit auch die Kleinsten beim Kacken nicht sinnlos ihre Zeit verschwenden, sondern ihren Grundwortschatz im Chinesischen verbessern können. Klar, dass »Origami«, der motorisierte Kinderbuggy, Außentemperatur und Gehtempo auf einem Display anzeigt: »Gut zu wissen!«, denkt das Baby, dem derlei endlich nicht mehr vorenthalten bleibt.

Und Sie hatten bislang gedacht, Drohnen-Pädagogik würde sich auf den ständigen Personenschutz des Nachwuchses in jeder Lebenslage (»Keine Steinchen in den Mund nehmen, Laetitia!«) beschränken? Weit gefehlt. »Hello Barbie«, die Überwachungs-Puppe, spricht mit dem Kind (für die kleinen Jungs »Cognitoy«, der Spionage-Dino) und leitet verdächtig Scheinendes direkt an Mom oder Dad weiter, die dann gleich den Therapeuten …

Über Jahrzehnte hinweg hat die moderne Entwicklungspsychologie – lesen Sie nur die wunderbaren Bücher von Lise Eliot oder Daniel Stern – nachgezeichnet, welche elementare Bedeutung die gelingende Kommunikation zwischen einem Säugling und seinen Bezugspersonen hat.

Der britische Forscher Colwyn Trevarthen hat zeigen können, dass die positive Interaktion zwischen Mutter und Baby einer Partitur gleicht, mit genau getakteten Einsätzen und abgestimmten Tonhöhen. Und die Amerikanerin Katherine Nelson hat anhand von Tonbandprotokollen dargelegt, wie Babys und ihre Mütter und Väter kleine Geschichten und Skripts miteinander erfinden, die ganz unabhängig von ihrem Inhalt eines vermitteln: dass hier Menschen zusammengehören und gemeinsam eine Welt bewohnen und teilen.

Erstaunlich, wie all das so souverän ignoriert werden kann. Das ist genauso, als würden Eltern alle Erkenntnisse der medizinischen Diagnostik für Blödsinn halten und lieber bei Google nachsehen, was das Kind hat. Totale Ignoranz im Zeichen der Digitalisierung.

Wie man dagegen vernünftig mit Kindern umgeht, haben zum Beispiel Jana und Jens Steingässer gezeigt, die mit ihren vier Kindern im Alter von einem, drei, fünf und elf Jahren nach Grönland gefahren sind, von dort nach Island und Lappland, sodann nach Südafrika, Marokko, Australien, später über die Alpen und schließlich durch den Odenwald, bis sie wohlbehalten wieder daheim in Deutschland waren. Alles komplett analog. Und das war keine Vergnügungsreise, sondern eine Recherche zu den Folgen des Klimawandels. Keines der Kinder ist dabei zu Schaden gekommen, keines hat etwas vermisst, alle werden in ihrem Leben viel zu erzählen haben, zum Beispiel darüber, dass Bären nicht nur auf Bildschirmen existieren und Rentiere auch ohne Coca-Cola-Weihnachtsmann vorkommen. Und keine roten Nasen haben.

Tja, liebe Millennials, das wird so nix mit euren Kindern! Die werden im Vergleich ganz weit hintendran bleiben. Aber ihr, arme Kinder, wehrt euch doch bitte mit aller Macht gegen diese ekelhafte, aseptische, desinteressierte, inhumane Effizienzhölle, die für euch aufgebaut wird, ohne dass ihr gefragt werdet.

Wenn ihr schon so digital in die Ecke gestellt und abgehängt seid: Zahlt es euren Eltern heim, sobald ihr könnt! Zieht ihnen die Stecker aus ihren Ladegeräten, schüttet Kakao in ihre Tastaturen, schmiert Brei auf ihre Displays. Holt sie raus aus ihrer smarten Welt, diese ignoranten Menschen, bevor man sie überhaupt nicht mehr gebrauchen kann.

17

In 5000 Jahren nichts gelernt

... über voreilige Kriegsführung

Unlängst war ich im Museum für Ur- und Frühgeschichte in Halle. Das ist ein grandioses Museum, und im Moment zeigt es eine noch grandiosere Sonderausstellung zum Thema Krieg. Wissen Sie, was ich beim Durchgang durch das Museum die ganze Zeit gedacht habe: Es verändert sich nichts. Gar nichts! 5000 Jahre lang: nichts. Die wesentlichen Dinge bleiben völlig gleich. Menschen sind eitle, fürsorgliche, geniale, dumme, gewalttätige und friedliche Lebewesen, die furchtbar gern an höhere Mächte glauben und für diesen Glauben ziemlich oft ziemlich sinnlose Dinge tun.

Warum 5000 Jahre? Na, weil damals die Menschen sesshaft wurden, womit ihr Leben einerseits erheblich komfortabler und vorhersehbarer wurde, wobei andererseits aber auch eine Menge Erfindungen gemacht wurden, die es unbequemer und risikoreicher werden ließen. Krieg zum Beispiel ist so eine menschheitsgeschichtliche Innovation. Die 195 000 Jahre davor murkste der Homo sapiens schon mal einen Neandertaler oder einen Artgenossen ab, wenn nötig auch mal eine ganze Sippe, aber Krieg führen? Auf die Idee wäre man damals nicht gekommen. Wozu auch? Wenn man Stress mit einer anderen Horde hatte, konnte man ja ausweichen. Und da man weder Grund noch Boden noch Häuser noch Ölquellen, Coltan oder Flächen für Palmölplantagen besaß, gab es nichts, was jemand erobern und in seinen Besitz hätte bringen können. Ja: Tatsächlich fing das ganze Theater mit Neid, Missgunst, Gier, Macht, Gewalt und so erst an, als die Menschen etwas hatten, Besitz nämlich.

Und punktgenau erblühte die Waffentechnologie genauso wie die der Verteidigungsanlagen, und beides führte zu jenen ingeniösen Leistungen, wie sie heute noch der Krieg, bekanntlich der Vater aller Dinge, hervorbringt. Super, denke ich da beim Gang durch die Weltgeschichte: Und wo ist jetzt der Unterschied zwischen dem Clan-Chef, der so reich war, dass er vor 4000 Jahren in einem Protzgrab zusammen mit seinen drei tollsten Rindern begraben wurde, dem Heerführer im Dreißigjährigen Krieg, der so wichtig war, dass sogar noch sein Pferd ausgestopft und zur Schau gestellt wurde, und dem Brausefabrikanten von heute, der neben ein paar Fußballvereinen nebst Spielern noch jede Menge Flugzeuge, Yachten und Fernsehsender besitzt?

Und in welcher Hinsicht, bitte schön, unterscheiden sich die 4000 Jungs, die vor 3500 Jahren im mecklenburgischen Tollensetal so aufeinander einschlagen mussten, dass 750 von ihnen auf der Strecke geblieben sind, von denen, die im Dreißigjährigen Krieg gekämpft und getötet haben? Und die wiederum von denen, die entweder von europäischen Regierungen oder von durchgeknallten Gotteskriegern losgeschickt werden, um sich töten zu lassen?

Eine Konstante der jüngeren Menschheitsgeschichte ist zweifellos Dummheit, und gerade die Geschichte des Krieges ist voll von strategischen und taktischen Fehlentscheidungen (»wenn ich befehle, dass die Brücke hält, dann hält die Brücke!«), grandiosen Fehleinschätzungen (»das ist aber nett von den Griechen, dieses hübsche Pferd!«), Lügen (»die haben Massenvernichtungswaffen im Irak!«) und jeder Menge Absurditäten. Auch Technik hilft nicht gegen Dummheit; wie man hört, sind Soldaten schon auf die Idee gekommen, auf Wache mit ihrem iPhone den Pizzaservice auf der Gegenseite anzurufen ... Nein, nichts wird wirklich besser.

Und wie war das noch mal mit dem Lernen aus der Geschichte? Nein, da müssen wir jetzt nicht 5000 Jahre zurückgehen, gerade mal 15 reichen, um den Nachweis zu führen, dass ausgerechnet Politiker unfähig zum Geschichtslernen sind.

Als George W. Bush nach den Anschlägen auf das World Trade Center den »Krieg gegen den Terror« ausrief, dachten wir alle noch: Wie furchtbar, dass in so einer extremen Situation ausgerechnet dieser Mann der amerikanische Präsident ist! Ein weniger schlichter Geist hätte gewiss nicht leichtfertig Kriege in Afghanistan und im Irak angezettelt, und er hätte vor allem Berater gehabt, die ihm gesagt hätten, dass eine Armee völlig ungeeignet ist, um eine kleine Zahl international operierender, todesverliebter Dschihadisten zu bekämpfen. Und dass jedes zivile Bombenopfer, jeder »Kollateralschaden« in der Zivilbevölkerung, jede Repression dazu führt, die Zahl der Terroristen zu vergrößern. Und dass man an jeder Militärakademie am ersten Tag lernt, dass es strategisch keinen Sinn macht, einen Krieg zu führen, wenn man nicht weiß, was man tun soll, wenn man ihn gewonnen hat. Und auch, dass man seinen Feind kennen sollte, wenn man Krieg führen will. Das weiß man übrigens auch schon seit 2500 Jahren, nachzulesen bei dem chinesischen Kriegstheoretiker Sun Tsu.

Und nun? Sind Russland und Amerika in souveräner Igno-ranz allen historischen und strategischen Wissens in Syrien in einen Krieg verstrickt, der nicht zu gewinnen ist. Man sollte die Weltpolitiker dieser Welt direkt mal nach Halle einladen, da könnten sie was lernen.

Aber natürlich auch nur dann, wenn sie etwas lernen wollen, was sie vielleicht – weil sie sowieso schon immer so viele Ter-mine haben – gar nicht wollen. Womöglich ist das sogar, anders als die Dummheit, etwas, das sich tatsächlich verändert hat: Die wichtigen Leute haben heute mehr Termine. Und kommen des-halb noch weniger zum Nachdenken. Und Zuhören. Oder gar zum Lesen.

Aber dieser Satz von Sun Tsu passt sogar auf Twitter: »Wahr-haft siegt, wer nicht kämpft!« Auch das ist übrigens gleich geblieben: Was Sinn macht, ist einfach. Nur Sinnloses ist kom-plex.

18

Wir müssen reden

... über das Gelingen von Debatten

Eines Abends im letzten Herbst saß ich mit einem Freund in einem chilenischen Restaurant in Berlin. Das Essen war gut, der Wein noch besser. Wir diskutierten über die Flüchtlinge, über Pegida, über die Kanzlerin, über Horst Seehofer. Die zweite Flasche war sogar noch besser als die erste. Wir kamen zu der Auffassung, dass das Wesentliche, was in Deutschland gerade geschah, von den Medien genauso übersehen wurde wie von der Politik.

Denn wir erlebten ja eine Sternstunde der Demokratie, die in diesem Land – das aus zwei totalitären Gesellschaften entstanden ist – niemand erwartet hätte: Hunderttausende Menschen halfen in Flüchtlingsunterkünften, beantragten Vormundschaften für Kinder, die ohne Eltern in Deutschland angekommen waren, viele, auch Prominente wie Sarah Connor oder Kai Dieckmann, nahmen syrische Familien bei sich auf. Noch viel mehr Menschen spendeten, richteten Willkommenspartys für die Geflüchteten aus oder gaben in Umfragen zu Protokoll, dass man die Flüchtlinge nicht nur aufnehmen müsse, sondern auch könne. Schließlich sei man ein reiches und perfekt organisiertes Land. Die Bürgerinnen und Bürger blieben Monat für Monat auch dann noch hartnäckig bei ihrer Auffassung, als Medien und Politik, aus welchem Grund auch immer, phantasierten, dass »die Stimmung kippt«.

»Seltsam«, sagten wir, »sehr seltsam, dass eine Bürgerschaft sich so verhält, wie es auf dem Wunschzettel jedes Demokratietheoretikers steht, und man redet über Pegida, rechtsextreme Gewalt, die AfD und alles Mögliche – aber nicht über die Mehrheit der Bevölkerung!« Der Wirt schenkte nach.

»Wir müssen etwas tun«, sagten wir, »wir müssen die gute Seite der Gesellschaft stützen und zeigen.«

Und dann hatten wir die Idee, dass man dieses Deutschland, das offene, freie, verantwortungsvolle, nicht mit einem Zeitungsartikel oder gar einer Annonce stützen kann, sondern dadurch, dass man Räume zum Debattieren, zum Sich-Zeigen schafft. Wir stießen an. »Machen wir, gute Idee!« Der Wirt zog die Augenbrauen hoch.

Was dann geschah: Wir gingen damit bei Theatern, Prominenten, Werbern hausieren und hatten in kürzester Zeit eine Reihe von Veranstaltungen beisammen, in allen größeren Städten des Landes. Der Titel der Reihe lautete »Welches Land wollen wir sein?« Das war unsere kleine unauffällige Verbeugung vor Angela Merkel, die, vom penetranten Horst Seehofer für ihre Flüchtlingspolitik angegriffen, trotzig und richtig gesagt hatte: »Wenn ich mich dafür entschuldigen muss, dann ist das nicht mein Land!« Ein ganz und gar unmerkeliger Satz, und gerade darum so gut.

Die Resonanz auf die Veranstaltungen war überwältigend: Obwohl die meisten Medien sich in vornehmer Zurückhaltung übten, musste überall aufgrund des Andrangs umdisponiert werden. Im Frankfurter Schauspiel war ein Raum für 200 Besucher vorgesehen, der Saal mit 700 Plätzen reichte dann gerade so aus. Aber wie jetzt mit 700 Menschen diskutieren? Geht. Mit ein paar Saalmikrophonen und etwas Geduld geht das ganz prima. Viele kamen zu Wort und trugen ihre Gedanken, ihre Erfahrungen, ihre Besorgnisse vor. Und sie hatten Vorschläge: Berufsschullehrer luden Handwerker ein, um mit ihnen Kurse für Geflüchtete zu geben, Rentnerinnen erklärten die Bedeutung von Facebook für die Bereitstellung schneller Hilfe in desorganisierten Lagern und so weiter ...

Zwei Sätze aus den vielen Veranstaltungen sind mir besonders in Erinnerung geblieben. Eine Frau, die in Flensburg die ehrenamtliche Hilfe koordiniert, berichtete von einem Kind, das sich so verletzt hatte, dass ihm das Bein amputiert werden musste. Die schreckliche Verletzung hatte sich das Kind nicht im Bürgerkrieg zugezogen. »Sein Bein hat es erst in Europa verloren, am ungarischen Grenzzaun.«

Und in Berlin erzählte eine 17-jährige Schülerin, wie unverständlich es für sie sei, dass Ältere so ablehnend auf die Entwicklung mit den Flüchtlingen reagierten. »Ich sag denen, ›Mensch, Leute, das ist jetzt einfach 'ne neue Phase, da müsst ihr euch dran gewöhnen!‹«

Eine analoge Debatte funktioniert anders als im Netz: Man muss belastbare Argumente liefern, Kritik ertragen, Rede und Antwort stehen. Deshalb ist sie interessant, an vielen Stellen auch lustig, etwa wenn jemand erzählt, dass ein paar Flüchtlinge in Brandenburg einfach mal in der Havel geangelt hätten und man ihnen nicht begreiflich machen konnte, dass man dafür einen Angelschein braucht. Oder dass viele von ihnen verwundert darüber seien, dass sie nie gefragt werden, was sie für unsere Gesellschaft tun möchten und wo und wie sie sich einbringen können. Eine analoge Diskussion ist spannend, manchmal konflikthaft, und sie bewirkt etwas: nicht zuletzt das Gefühl, dass man in einer Gesellschaft lebt, für die etwas zu tun sich lohnt.

Diese Selbstvergewisserung ist nötiger denn je in einer Zeit, in der so ziemlich alles aus den Fugen zu geraten scheint, was viele Jahre als gefühlte Gewissheit gelten konnte: dass Frieden ist, Europa zwar holpert, aber zusammengehört, dass all die Kriege auf der Welt mit uns nichts zu tun haben, ja, dass wir überhaupt auf einer Insel leben. Stimmt alles nicht. Aber wenn man in solchen Zeiten nicht nur Zuschauer sein will, braucht man etwas, worauf man sich beziehen kann: Identität, das Wissen, wer man ist und wer man sein möchte. Ein sicheres Identitätsgefühl ist die Voraussetzung, um Fremdes und Fremde ohne Angst akzeptieren zu können, und damit die Bedingung für offene Gesellschaften.

Nachtrag: Es ist traurig, diesem Optimismus vom Frühjahr 2016 im Herbst 2018 wieder zu begegnen und festzustellen, welche Konsensverschiebung in Richtung Gegenmenschlichkeit es seither gegeben hat. Wir haben zwischenzeitlich die »Initiative Offene Gesellschaft« gegründet und seither mehr als 1000 öffentliche Veranstaltungen und zweimal den »Tag der Offenen Gesellschaft« mit Zehntausenden engagierten Teilnehmerinnen und Teilnehmern durchgeführt. Trotzdem ist es deprimierend zu sehen, wie das neurechte Agenda-Setting sich bis in die Regierungspolitik durchgesetzt hat. Aber natürlich geben wir nicht auf. Unser Motto lautet ja: Wenn es einfach wär, könnten es ja auch die anderen machen.

19

So klein ist die Welt

… über zufällige Zusammentreffen

Dass ich viel Zug fahre, habe ich hier schon mal erwähnt, glaube ich. Wenn Sie es für sich behalten, erzähle ich Ihnen jetzt mal von einer dunklen Seite meiner Persönlichkeit. Okay? Sie sagen's nicht weiter?!

Also: Ich sitze am liebsten allein. Genauer gesagt: Am liebsten sitze ich dort, wo weit und breit niemand sonst sitzt. Das geht am besten im Abteil, und zwar, wenn man an einem Endbahnhof einsteigt, der Zug also gerade eingesetzt worden ist und noch nicht so viele Leute an Bord sind. Dann entere ich ein leeres Abteil, verteile meine Sachen strategisch so, dass es aussieht, als wäre es total überfüllt, nur alle gerade auf Toilette. Ich klappe meinen Laptop auf, halte ein Telefon ans Ohr und sehe aversiv, unsympathisch, laut und betriebsam aus.

Mit so einem, denken die platzsuchenden Mitreisenden, die durch die Scheibe gucken, will ich bestimmt nicht im Abteil sitzen, also weiter …

Diese Strategie funktioniert meist leidlich über einige Bahnhöfe hinweg, aber es kommt vor, dass noch dreistere Zeitgenossen, als ich es bin, wort- und grußlos die Abteiltür so aufreißen, dass sie fast aus den Schienen rutscht, sich direkt auf den Platz mir gegenüber pflanzen, demonstrativ meinen Laptop auf den mir zustehenden Teil des Tisches schieben, ihr Telefon, Leberwurstbrote, eine Thermoskanne auspacken und mich herausfordernd anblicken. Touché! Man muss wissen, wann man verloren hat. Meist verlasse ich dann wortlos, aber erhobenen Hauptes das Abteil und suche mir ein bescheidenes Plätzchen im Großraumwagen.

Neulich war es wieder so. Von Berlin bis Kassel konnte ich erfolgreich den Soziopathen machen, dann riss jemand mit aller Gewalt die Abteiltür auf, wort-, gruß- und fraglos, pflanzte sich usw. Ich blickte ihn böse an, woraufhin er mitteilte, er säße auch lieber allein im Abteil, aber leider sei keins mehr frei, und damit müsse ich nun leben. Gut. Ich ignorierte seine Leberwurstbrote und seine Thermoskanne und konzentrierte mich verbissen auf meinen Bildschirm.

Etwa zehn Minuten vergingen, da fragte mich dieser Mensch, ob ich irgendwas mit der Stiftung Futur Zwei zu tun habe. Darauf zu kommen war nicht so schwer, weil mein Laptop mit unserem Logo zugepflastert ist. Ich befand mich noch im Mürrischmodus und knurrte ein »Ja, wieso?«, woraufhin er erklärte, dass er unsere Arbeit schon seit langem verfolge und bewundere und selbst im Bereich Nachhaltigkeit tätig sei und früher dies und jenes getan habe und heute Bäume in Costa Rica anpflanze, um etwas gegen den Klimawandel zu tun.

Eijeijei, dachte ich, den kennst du, das ist doch der Typ, über den du schon gelesen hast, einer von denen, die schon ökosozial unterwegs waren, als du noch Autofan warst und dir nichts Böses dabei gedacht hast … Wie unangenehm, dass ich den so unhöflich behandelt habe, als er über *mein* Abteil hereingebrochen war.

Machen wir es kurz: Ich entschuldigte mich, und wir verbrachten eine wunderbare Zeit miteinander, sehr informativ, interessant und verbindlich. Wir würden in Kontakt bleiben, zumal wir eine ganze Reihe gemeinsamer Bekannte haben. Als ich ausstieg, wünschte ich ihm grinsend, dass bloß niemand in *sein* Abteil kommen und ihm ein Gespräch aufzwingen möge, woraufhin er entgegnete: »Keine Sorge, ich weiß ja jetzt, wie ich gucken muss!«

Ich habe sehr gelacht und mich über dieses zufällige Zusammentreffen gefreut. Wie ich mich überhaupt über Zufälle freue. Und dann ging's weiter.

Am nächsten Tag sagte mir ein Freund, den ich selten sehe, er müsse mich unbedingt Idil Bayder vorstellen, einer Schauspielerin, die Kabarett mache und unglaublich klug und komisch sei. »Kein Problem«, sagte ich, »mit der sitze ich morgen auf einem Podium in Freiburg!« Aber auf diesem selben Podium in Freiburg saß auch der legendäre Fußballtrainer Volker Finke, und der ausgerechnet war mein Sportlehrer am Gymnasium gewesen, und der kannte wiederum den Baumpflanzer gut, den ich gerade im Zug kennengelernt hatte.

Was sich natürlich im langen gemeinsamen Gespräch nach der Veranstaltung ergab, in dem sich wiederum herausstellte, dass Idil Bayder ihre Kindheit nur ein paar Orte entfernt von meinem Heimatdorf verbracht hat. Ein wunderbarer Abend. So kommen die Dinge manchmal zusammen, und ich musste an den Satz von Uwe Johnson denken, dass es immer das Fällige ist, was einem zufällt.

Der Zufall hat, wie ich finde, etwas unglaublich Beglückendes, wenn man ihn zu würdigen weiß. Stanley Milgram, ein genialer amerikanischer Psychologe, hat vor fast 50 Jahren, also lange vor dem Internet und den sogenannten sozialen Netzwerken, ein Experiment durchgeführt, in dem es um die Frage ging, wie viele Zwischenstationen ein Brief braucht, um allein durch direkte Weitergabe von einem Absender zu einem vorher willkürlich ausgewählten Empfänger zu gelangen. Das Ergebnis: sechs. Wie gesagt: direkt, nur darüber, dass jemand jemanden kennt, der jemanden kennt, der usw. So klein ist die Welt. Übrigens gilt das auch für ein syrisches Kind, von dem Sie womöglich nur sechs Personen entfernt sind.

Wir haben also mehr miteinander zu tun, als wir glauben und als wir gewöhnlich Wirklichkeit werden lassen. Und da fällt mir doch glatt die Frage ein, warum die Abteile bei der Deutschen Bahn wohl genau sechs Plätze haben?

20

Können Kinderfragen nerven?

… über erwachsene Logik

Kinder denken im Unterschied zu Erwachsenen bekanntlich logisch. So sagte mein damals neunjähriger Sohn, als Amerika den Irak wegen dessen angeblichen Massenvernichtungswaffen angriff: »Wenn dieser Saddam Massenvernichtungswaffen hätte, würde er sie einsetzen. Wenn er das nicht macht, hat er keine.« Richtig. Er hatte ja auch keine, was Jahre später sogar Colin Powell, der damalige amerikanische Außenminister, zerknirscht zugeben musste. Dieser Kriegsgrund war eine Erfindung. Wie überhaupt viele Gründe Erfindungen sind und keine Gründe. Kindern kann man da nichts vormachen.

Es wäre natürlich praktisch, wenn Kinder Colin Powell direkt auf den offensichtlichen Widerspruch hätten hinweisen können, aber so etwas ist praktisch nie der Fall. Und leider können sie auch nie direkt fragen, warum etwas beschlossen, getan oder veranlasst wird.

Super wäre das ja auch in der Gegenwart. Die sogenannte Flüchtlingsfrage zum Beispiel scheint mir für Kinderfragen ausgesprochen gut geeignet. Man könnte fünf Politiker und fünf Kinder in einen Raum setzen und die Kinder bitten, Fragen zu stellen. »Warum«, würden die Kinder dann zum Beispiel fragen,

»warum können 500 Millionen Europäer nicht rund anderthalb Millionen Flüchtlinge aufnehmen?« »Öhm«, würden die Politiker sagen, »ja, also das hängt mit dem Schengen-Raum und der Grenzsicherung und, äh, den europäischen Werten, also, und man kann das nicht verkraften, weil ähm.«

»Okay«, würden die Kinder sagen, »das macht voll Sinn. Aber wenn das so schwierig ist, wieso sollen das dann die Türken ganz allein können, die sind doch viel weniger als 500 Millionen?« Dazu muss man wissen, dass die EU ein kompliziertes Abkommen mit der Türkei geschlossen hat. Demnach werden alle Flüchtlinge, die Griechenland erreichen, in die Türkei geschickt. Und für jeden so aufgenommenen Flüchtling gibt die Türkei einen anderen an die EU ab. Und damit das Ganze funktioniert, überweist die EU ein paar Milliarden Euro nach Ankara. »Öhm«, würden die Politiker also wieder sagen, »also, das ist so: Ja, ähm, wir geben denen Geld, und mit dem Geld können die total viel für die Flüchtlinge machen und, äh, dass sie jedenfalls nicht nach Europa kommen. Die Flüchtlinge, ja.«

»Gut«, würden die Kinder sagen, immer nur als Beispiel. »Die haben aber schon zweieinhalb Millionen Flüchtlinge. Wieso können die dann mit unserem Geld den Flüchtlingen besser helfen, als wir das selbst könnten?« »Öhm«, würden dann die Politiker sagen, »öhm, also, die sind gewissermaßen, also, die sind viel erfahrener als wir. Und eben auch dichter dran, ja.«

»Das macht voll Sinn«, würden die Kinder jetzt sagen, »meint ihr mit ›erfahrener‹, dass die gerade die Pressefreiheit abgeschafft haben?« »Ach, Kinder«, würden jetzt die Politiker sagen, »also, so einfach könnt ihr euch das jetzt nicht machen. Das eine hat ja wohl mit dem anderen überhaupt gar nichts zu tun. Also, äh, es geht ja auch um humanitäre Hilfe.«

»Ach so, ja, das macht Sinn«, sagen jetzt die Kinder, »dann ist das mit der Folter und den Menschenrechten wohl auch so, dass das gar nichts mit all dem zu tun hat?« »Genau!«, sagen die Politiker ganz erleichtert. »Mit Menschenrechten hat das auch nichts zu tun.« Und dabei denken sie: »Uff. Wann diese Fragerei wohl endlich aufhört?! Wann ist denn mal Kaffeepause? Ich muss auch mal telefonieren. Und nachher ist Pressekonferenz. Da muss ich Rede und Antwort stehen …«

»Gut«, sagen die Kinder, »finden das denn alle gut, was ihr da macht?«

»Nee, Kinder«, sagen die Politiker, »leider nicht. Das ist nämlich so: Es gibt bei uns einfach zu viele Menschen, die Flüchtlinge nicht gut finden. Und weil wir nicht wollen, dass Menschen, die Flüchtlinge nicht gut finden, wichtig genommen werden, können wir die Flüchtlinge nicht aufnehmen. Leider.«

»Aha«, sagen die Kinder, »vielen Dank auch.« Jetzt wird die Sache allmählich klarer. »Also, Politiker, wir fassen jetzt mal zusammen: Die Türken können das mit den Flüchtlingen besser, weil niemand hinschaut, was sie mit denen machen, sie aber jede Menge Geld dafür bekommen?« »Nee, nee«, rufen die Politiker, »so ist das nicht, wir, äh, machen das ja vor allem wegen der europäischen Werte, also, ähm, wie zum Beispiel, na, ähm, sagt schon … Freiheit. Ach, und Frieden. Solidarität auch. Deswegen.«

»Ach so«, sagen die Kinder, »das macht Sinn. Die Werte gelten für die, die da sind. Für die, die nicht da sind, gelten sie nicht. Richtig?« »Jaaaaa, richtig!«, rufen die Politiker und sind sich ganz sicher, dass die Sache bald vorbei ist. »Richtig, nur so können wir nämlich unsere Werte schützen!« »Und ihr macht, was die rechten Populisten wollen, damit die rechten Populisten nicht recht bekommen?« »Jaaaaa, richtig!«, rufen die Politiker, sie sind jetzt ganz aus dem Häuschen.

»Okay«, sagen die Kinder. »Das war zum Üben. Jetzt müsst ihr uns was fragen!«

»Ah, das ist einfach!«, rufen die Politiker und machen eine Kunstpause. »Unsere Frage ist: Habt ihr das auch alles verstanden? Sonst erklären wir es euch gern noch mal.«

Die Kinder schütteln den Kopf, verlassen den Raum und schließen von außen ab, sorgfältig.

21

Zwei beruhigende Erkenntnisse

… über zu viele Informationen

Nun war ich auch mal weg. Fast vier Wochen nicht online, kein Handy, nix. Tolle Sache und schwer in Mode, aber bevor ich davon gleich mehr erzähle: Was ist daran eigentlich das Besondere? Vor zehn Jahren war das noch selbstverständlich: Im Urlaub war man einfach nicht da, auch wenn zu Hause gerade die Welt unterging. Aber das kam ohnehin eher selten vor; meistens war nach den drei Wochen die Welt immer noch nicht untergegangen, allenfalls roch es verschimmelt nach den Klamotten, die man in der Abreisehektik in der Waschmaschine vergessen hatte. Heute hingegen ist es bestsellerträchtig, »mal weg« zu sein, und die Outdoor-Industrie wirbt mit demselben Slogan, der sie allerdings nicht davon abhält, eine Smartphone-Innentasche im wüstenzufußdurchquerungstauglichen Survival-jäckchen vorzusehen. Für den Fall, dass man doch nicht so ganz weg sein will und Aug in Aug mit dem Kodiakbären noch schnell die Lieben daheim über das bevorstehende abrupte Ende des Abenteuerurlaubs informieren möchte.

Also: »Weg sein« ist die absolute Ausnahme, weil unsere Welt bereits durch und durch dauer-immerkommunikativ ist. Normal sein heißt, »da« sein, und zwar immer. Aus Umfragen wissen wir, dass Teenager ihr Smartphone im Schnitt 110-mal am Tag benutzen und der Durchschnittsmanager 30 000 E-Mails pro Jahr bekommt. Auch die gefühlte Phantomvibration eines ausgeschalteten Geräts ist eine weitverbreitete Alltagserfahrung. All das steht in einem merkwürdigen Gegensatz dazu, dass heute auch nicht so viel mehr Menschen auf der Welt sind als vor zehn Jahren und entsprechend auch nicht so viel mehr passiert. Es teilen nur immer mehr Leute immer mehr mit; jede ganz und gar marginale und umstandslos gleich wieder zu vergessende Information kursiert hunderttausendfach auf Facebook, Twitter und in der mittlerweile schon als old school geltenden E-Mail. Ein Beispiel: Während ich dies schreibe, hat Jan Böhmermann die elementar wichtige Nachricht abgesetzt, er würde eine kleine Fernsehpause einlegen, wozu Spiegel Online 45 Minuten nach der Veröffentlichung mitteilt: »Binnen weniger Minuten hatte das Posting 10 000 Facebook-Reaktionen und einige hundert Kommentare ausgelöst.«

Ah ja. Innerhalb von zehn Stunden nach Veröffentlichung gab es vielleicht 1,5 Millionen Reaktionen, und da das heute kein Schwein mehr weiß und es auch niemanden interessiert, können wir direkt zu zwei wichtigen Erkenntnissen kommen. Nummer eins: Tatsächlich passiert gar nichts, ob Sie nun online sind oder nicht. Von Jan Böhmermann und dem empfindsamen türkischen Pseudopotentaten hatte ich nichts mitbekommen, als ich »weg« war, dementsprechend auch nicht, dass Letzterer, also Erdogan, nicht mal eine einzige Woche abgewartet hatte, um den hirnverbrannten Deal, den die EU mit ihm in Sachen Flüchtlingen geschlossen hat, für die erste Erpressung zu nutzen. Was mir ebenfalls entgangen ist: dass die offenkundig moralisch total verwahrlosten Manager bei VW sich für das erfolgreiche Ruinieren des Rufs ihres Unternehmens millionenschwere Boni genehmigt haben, dass die Panama Papers die überraschende Einsicht geliefert haben, dass manche reiche Leute eine Abneigung gegen Steuern und Gemeinwohl ausbilden, und dass die Rolling Stones in Kuba aufgetreten sind.

Erstaunlich: Wenn man die ganze Kaskade dieser breaking news nicht in ihrer zeitlichen Abfolge, sondern auf einen Schlag zur Kenntnis bekommt, fällt viel stärker auf, worüber zuvor, als man noch »da« war, gesprochen wurde – und nun nicht mehr. Gibt es jetzt keinen Krieg mehr in Syrien? Was macht der IS denn so? Sind keine Flüchtlinge mehr an der mazedonischen Grenze und, falls nicht, wo sind sie dann? Keine Schlepperbanden mehr im Mittelmeer? Genau: Das gibt es alles noch, rangiert jetzt aber in der Ökonomie der Aufmerksamkeit ganz am Rande, Erdogan ist wichtiger. Wir werden durch den permanenten Starkregen immer neuer Nachrichten immer dauererregter und hysterischer, so sehr, dass man Wichtiges von Unwichtigem zu unterscheiden verlernt.

Erkenntnis Nummer zwei: Man selbst ist auch nicht wichtig. Je mehr Nachrichten, Mitteilungen, Informationen, Selfies, Likes und Klicks es gibt, desto weniger kommt man ja – relativ gesehen – noch vor. Stellen Sie als Mensch immerhin ein Siebenmilliardstel der Menschheit dar, sind Sie als Netzteilnehmer allerhöchstens noch ein Trilliardstel (oder so), also nur noch nano-existent. Vergessen Sie einfach den Irrglauben, dass Sie irgendeine Rolle in dem Ganzen spielen. Klar hatte ich nach der Offline-Zeit ein paar hundert Mails im Postfach.

Aber davon waren wichtig: null. Davon blieben wichtig: null. Zwischenzeitlich war mir an Gelegenheiten entgangen: null. Das ist mal eine beruhigende Erkenntnis. Tatsächlich läuft der ganze Betrieb einfach weiter, ob man nun da ist oder nicht.

Die ganze Informationssteigerungsspirale, in deren Zentrum man mit seinem Account steht und die unablässig um einen herum hohldreht, quirlt zu mindestens 90 Prozent sich selbst, und weil das Unwichtige quantitativ so überhandgenommen hat, ist es ganz gleichgültig, ob man darin noch irgendwo vorkommt oder nicht. Merkt eh keiner, wie schön.

Mein Sommer kann jetzt kommen. Alles informiert, rotiert, agitiert sich gegenseitig weiter, während ich mich mit einer Decke und einem Picknick auf die Wiese vor dem Babelsberger Schloss lege. Das ist mein Lieblingsplatz. Von dort hat man einen wunderschönen Blick runter auf die Havel- und Parklandschaft und in deren Mitte auf die Glienicker Brücke. Da ist übrigens mal ziemlich intensiv Geschichte passiert, und die Leute haben es mitbekommen, ganz ohne Internet. Wahrscheinlich würden sie sich heute den Mauerfall alle ganz doll mitteilen, dann aber nicht hingehen, weil schon wieder das Nächste passiert. Und schwupps: ist die Mauer wieder zu.

22

In der Angeber-Welt

... über hypermodernen Konsum

Ja! Immer wieder werde ich aufs Neue überzeugt von den Segnungen der modernen Konsumgesellschaft: Inzwischen müssen wir Menschlein ja nicht mehr nur möglichst viel kaufen und verbrauchen, sondern uns auch in einer Art hyperkonsumistischen Kompetenzerwerbs üben. Das heißt: intensives Einarbeiten in die jeweilige Materie und das Entwickeln ausgefuchstester Kennerschaft, die man dann nicht nur im Verkaufsgespräch, sondern auch auf Partys, überhaupt in jeder Lebenslage, einsetzt, um dem eigenen Ego zu schmeicheln.

Ein Beispiel aus meinem Leben: Neulich bekam ich den Auftrag von meinem Team, ich möge eine neue Espressomaschine erwerben. Das alte Gerät sei erstens hinüber, habe zweitens nie was getaugt, und drittens könne man so doch nicht arbeiten.

Gesagt, getan. Ich suchte ein Fachgeschäft auf (schon weil wir natürlich den lokalen und analogen Einzelhandel unterstützen) und wurde dort prompt einer Befragung unterzogen, wie ich sie seit meiner theoretischen Führerscheinprüfung nicht mehr zu absolvieren hatte. Im Einzelnen ging es um den Härtegrad des Wassers, die täglich erforderliche Stückzahl an Kaffees unterschiedlichster Art, unsere Qualitätsansprüche, das Leistungsprofil der erwünschten Maschine etc. pp.

Das Ganze nahm mich ziemlich mit, aber ich hegte die Hoffnung, dass der Verkäufer-Prüfer mir nach zehn Minuten eine passende Kaffeemaschine zuweisen würde. Wie naiv! Ich hatte nämlich noch nicht an die dazugehörige Kaffeemühle gedacht! Wenn ich ehrlich bin, hatte ich in meinem ganzen Leben noch nie über eine Kaffeemühle nachgedacht, aber in dem analog-lokalen Fachgeschäft lernte ich nun zu meiner Beschämung, dass diese ein entscheidendes Element in der Kaffeegeschmacksschöpfungskette sei. Gut. Nachdem ich auch dieses demütigende Gespräch über-, wenn auch eher nicht bestanden hatte, erwartete ich, nun endlich eine Maschine zu sehen. Endlich. Ein Produkt. Oder sogar zwei. Kaffeedings und Mühle!
Aber wieder nix. Aus der Position lichtjahreweiter Überlegenheit versicherte der Fachhändler mir, dass wir, also unser Team, selbstverständlich nach Erwerb einen intensiven Einführungskurs in die Welt der Kaffeezubereitung bekämen; schließlich ginge es hier ja um etwas. Um was, hatte ich vergessen, als ich aus dem Laden taumelte. Ich hatte viel Wissen aufgeschnappt, aber keine Maschine.

Das Shoppingerlebnis erinnerte mich an meinen Besuch im angesagten Berlin-Mitte-Restaurant »Nobelhart & Schmutzig«, in dem einem tätowierte und gepiercte Holzfällerinnen gut fünf Minuten erklären, warum so etwas wie dieses Gericht, das aus einer einzigen Möhre besteht, ein Geniestreich ist. Nach stundenlanger kommunikativer und kulinarischer Pein kommt dann der stolze Wirt namens Billy in den Gastraum und saugt den enthusiastischen Beifall überwältigter Touristen auf. Als ich ihm mitteilte, ich hielte das alles für pseudoprofessionelles Bohei, sagte Billy souverän: »Für Redundanzesser haben wir dieses Restaurant nicht aufgemacht.« Hab ich mir notiert: »Redundanzesser«. Mieser Laden, aber brillante Rhetorik!*

In den Exzessen der superspezialisierten Konsum-Consultants und Hipster-Bistros steckt jede Menge Zeitgeist. Denn in einer Welt, in der jeder schon alles hat, kann es ja nur noch darum gehen, dieses alles immer weiter zu verfeinern. Keiner hat Lust, zur Masse zu gehören – alle sind Experten und irgendwie auch Künstler. Dieser Druck führt dazu, dass der Konsument pausenlos gedemütigt wird, bis er endlich einsieht, dass er sich bessern muss, wenn er an der Magie der erwerbbaren Produkte und Dienstleistungen teilhaben möchte. Er muss sich folglich einarbeiten in die Produktwelt, muss üben, lernen, Kenner- und Angeberschaft erwerben. Komplett und saturiert ist er nie – der Update-Quatsch der Digitalbranche hat es erfolgreich vorgemacht. Zahlen darf der Konsument natürlich immer noch, aber eine Statusverbesserung ist dadurch nicht garantiert. Der Philosoph Günther Anders hat das schon vor vielen Jahren »prometheische Scham« genannt und damit gemeint, dass die Menschen sich heute dafür schämen, ihren Geräten nicht gerecht zu werden.

Dieses Schamgefühl bekämpfen die Menschen mit Exerzitien wie Barista- und Sommelierkursen, bis sie in hinreichend vielen Dingen richtig eindrucksvoll punkten können. Und so wird selbst simples Kaffeekochen oder Komasaufen zum »Projekt«, das man erfolgreich absolviert – oder eben nicht. Und über das

---

* Billy hat auf diese Kolumne hin eine E-Mail an mich geschrieben, in der er seine Haltung erklärt hat, was ich sehr freundlich fand. Im Übrigen hat er sein Restaurant zur No-Go-Area für AfD-Mitglieder erklärt. Damit sei ihm absolut alles verziehen!

man sich mit den anderen Angebern »auf Augenhöhe« austauscht. Dabei darf man keinesfalls auf den Gedanken kommen, dass man sich zum Opfer eines Marketingprinzips macht, das längst auch die eigene Bestattung als Projekt verkauft, das ohne ein gewisses Fachwissen unweigerlich zum Scheitern verurteilt ist.

Im Moment schwer angesagt sind in Berlin etwa Urnengräber, die sich in der Nähe von zuvor ausgesuchten Bäumen befinden. Wahre Kenner wollen auch nach dem Exitus eine jahreszeitliche Laubfärbung genießen und außerdem Kinderarbeit bei der Grabsteinproduktion ausschließen. Wenn auch Sie schon über Ihre Beerdigungszeremonie nachdenken: Bevor Sie zur Redundanzleiche werden, sollten Sie unbedingt einige hippe Beerdigungen besuchen und sich erst dann an einen Cuttingedge-Bestatter wenden. Ich nehme an, es gibt dafür Bewertungsportale im Netz. Tot24.de oder so.

Oder Sie machen es wie ich mit meinem Kaffee-Projekt. Ich habe beschlossen, dass wir kein neues Gerät brauchen. Und alles andere, für das man angeblich erst mal einen Kurs besuchen muss, auch nicht. Meine Lebenszeit ist begrenzt, und ich kann sie nicht fahrlässig für diesen Quatsch verschwenden. Unter die Erde werde ich schon irgendwie kommen, ohne jede Ahnung, wie das geht.

23

Meine Mobilitätsdepression

… über die Deutsche Bahn

Heute oute ich mich als bekennender Bahnfahrer. Ich halte dieses Fahrzeug – theoretisch – neben dem Zeppelin für das Beste, das bislang erfunden wurde. Gerade in Zeiten des Klimawandels ist die Bahn das zukunftsträchtigste und modernste Verkehrsmittel, da können die Propagandisten des »autonomen Fahrens« noch so viel Reklame machen – das ist alles nur die Fortsetzung des fossilen Autos mit anderen Mitteln. Ich leiste mir deshalb das teuerste Ticket, das es gibt: die »Bahncard 100 First«. Die kostet schlappe 6890 Euro, und wenn man mit ihr unterwegs ist, nutzt man »100 % Ökostrom« (welchen Strom, frage ich mich manchmal, nutzen wohl Mitreisende mit anderen Karten im selben Zug?). Dank dieser auch »Black Mamba« genannten Super-Karte kann ich alle möglichen ÖPNV-Angebote in allen möglichen Verbünden nutzen, ohne jemals ein Ticket kaufen zu müssen. Das ist eine tolle Sache! Wirklich! Allerdings macht es einem die Bahn nicht eben leicht, Bahn zu fahren.

Wie Sie als Leserin oder Leser dieser Kolumne wissen, hege ich eine Reihe von Theorien darüber, wie die Welt im Innersten funktioniert. Meine jüngste, ungeheuerliche Erkenntnis: Die Deutsche Bahn unterhält in ihrem Berliner Hauptquartier die Abteilung »Bahn-Depri«, die ausschließlich dafür da ist, gemeine Schikanen für Fahrgäste zu ersinnen. Unter der Leitung von Ronald Pofalla baldowern Psychologinnen, Geisterbahndesigner, Winkeladvokaten und Profi-Sadisten die diabolischsten Scherze für Bahnnutzer aus.

Dabei ist die lustige Maulwurf-Figur, die einen zusätzlich zu jeder Baumaßnahme noch verhöhnt, eines der harmloseren Beispiele, genauso wie die strikte Anweisung an das Zugpersonal, allerfrühestens zehn Minuten nach einem außerplanmäßigen Halt die Durchsage zu machen, dass es zu einem außerplanmäßigen Halt gekommen ist. Überhaupt die Poesie der Durchsagen: »Auf unbestimmte Zeit«, »Wie wär's jetzt mit einer frisch gebrühten Tasse Kaffee«, »Warten auf den Notfallmanager«, oder – wie neulich in Berlin-Südkreuz – »Wir warten noch auf den Lokführer« (da fragt man sich doch, wer den Zug vom Hauptbahnhof bis zu dem außerplanmäßigen Halt gesteuert hatte).

Subtiler sind die persönlichen Demütigungen, die »Bahn-Depri« konzipiert: So wurde mir auf einen Erstattungsantrag wegen einer zweistündigen Verspätung hin schriftlich mitgeteilt, die Bahn sei ein komplexes Unternehmen mit vielen Schienen und Zügen und Störungen im Betriebsablauf, weshalb ich bitte Verständnis aufbringen solle, wenn es gelegentlich zu Verspätungen komme. Meinem Antrag auf Entschädigung allerdings könne nicht entsprochen werden, weil er verspätet eingegangen sei. Wirklich: Diesen Vorfall habe ich mir nicht ausgedacht, ich habe das Schreiben aufgehoben, weil ich darauf gewartet habe, es irgendwann einmal gegen die Bahn verwenden zu können.

Aber das sind alles Kleinigkeiten, verglichen mit den wirklich avantgardistischen Sabotagemaßnahmen, die sich die Jungs ausdenken, wenn sie in Fahrt sind: Tränen haben sie gelacht, als einem das Motto »Sechs Minuten schneller von Stuttgart nach Ulm!« einfiel, und sie daraufhin das Projekt Stuttgart 21 ausheckten, das voraussichtlich jetzt leider erst 23 fertig, dafür aber doppelt so teuer wird. Die Stadt Stuttgart ist währenddessen verkehrsmäßig unbenutzbar, was aber nichts macht, denn die meisten Schwaben leben ja bekanntlich in Berlin und dort gehören solche Scherze zum Alltag.

Nachdem Hartmut Mehdorn, der unermüdliche Zerstörer von Unternehmen, die eventuell noch hätten funktionieren können, seinerzeit mit der Idee gescheitert war, die Speisewagen in den Fernzügen abzuschaffen, rächen seine Erben diese Schmach mit höchstem Einsatz. Das erste Opfer waren 2015 die Autoreisezüge: Zuletzt hat man die Autos ja, man glaubt es nicht, auf Lastwagen verladen und auf Autobahnen transportiert. Weil sich das aber als unpraktisch herausstellte, schaffte man die Zuggattung konsequenterweise gleich komplett ab.

Aber das war nur die Ouvertüre. In einem nächsten Schritt geht es jetzt den Nachtzügen an den Kragen! Sie sind bei den Nutzern beliebt und daher ständig ausgebucht, woran nicht einmal ihre verlässlichen Verspätungen und die Schließung der komfortabelsten Abteile etwas ändern konnte. Außerdem sind sie eine wirklich gute Alternative zum Flugverkehr: »Ja«, ruft die ganze »Bahn-Depri«-Abteilung, und köpft gutgelaunt ein Fläschchen Champagner, »dann aber ganz schnell weg damit!«

Die Nachtzüge, die immer ein wenig an die glorreiche Vergangenheit des Zugreisens erinnerten, an den Orient-Express, sind ab Jahresende Vergangenheit. Und auch wenn sonst nichts pünktlich ist: Das Abschaffen bekommt die Bahn termingerecht hin.

Die wirklich gespenstische Nachricht aber kommt zum Schluss: Bahnchef Grube weiß von all dem nichts. In einem Interview hat er kürzlich einen Blick in die Zukunft seines Unternehmens gewagt und die Vision einer »Mobilitätskarte« ausgemalt, mit der man »gar keinen einzelnen Fahrschein aus Papier mehr braucht« und »Verkehrsmittel über Verbünde hinweg nutzen kann«. »Sicher, das wird noch dauern«, merkte er ein wenig melancholisch an, und ich holte mit fassungslosem Staunen meine »Black Mamba« aus der Brieftasche und wusste plötzlich: Falsch gedacht! Nicht die Bahn hält sich die Schikaneabteilung »Bahn-Depri«, »Bahn-Depri« hält sich die Bahn.

24

Alles so schön bequem hier!
... über zu viel Beruhigung

Unlängst war ich auf einer Veranstaltung, bei der eine Handvoll europäischer Politiker mit einer Handvoll Wissenschaftler
und Journalisten über die Situation in Europa diskutierte, eine
Art längerer Meinungsaustausch jenseits des politischen Tages-
geschäfts. Am Morgen des zweiten Tages fragte ich beim Frühstück, wie denn wohl der nächste G7- oder G8-Gipfel zusam-
mengesetzt sei, ob dann wohl Donald Trump, Wladimir Putin
und Marine Le Pen einträchtig mit Angela Merkel und anderen
leicht betreten schauenden Spitzenkräften der Weltpolitik vor
der Fotowand stehen würden?*

»Haha«, sagten da alle am Tisch, »guter Witz, schreckliche
Vorstellung!« Niemand nahm diese Vision ernst, obwohl sie
derzeit mindestens so realistisch erscheint wie eine beliebige

---

* Immerhin: Ganz so ist es bekanntlich nicht gekommen. Trump ist
  tatsächlich amerikanischer Präsident geworden und übertrifft als
  solcher beständig die finstersten Vorstellungen, die man von ihm
  hat, aber Marine Le Pen hat die Wahl verloren. Gleichwohl: In
  anderen EU-Ländern sind autokratische Positionen leider auf dem
  Vormarsch, in Polen, Ungarn, Tschechien, in der Slowakei und in
  Österreich. Insofern war das Szenario nicht unrealistisch.

andere. Ganz genauso hatte niemand die Möglichkeit eines Brexits ernst genommen, obwohl sie, wie sich herausstellte, offenbar ebenfalls eine erhebliche Wahrscheinlichkeit hatte. Lustigerweise hielten die europäischen und besonders die britischen Spitzenpolitiker die Sache sogar für so sehr unwahrscheinlich, dass sich niemand vorher die Mühe gemacht hatte, einen Plan B zu entwickeln. Dieses Muster ist ein wiederkehrendes: So wenig irgendjemand, gleich ob Wissenschaftler oder Politiker oder Normalo, noch am 8. November 1989 mit dem Fall der Mauer und schon gar nicht mit dem Komplettzusammenbruch des Ostblocks gerechnet hatte, so überrascht waren alle, als sich nach dem Zusammenbruch der Bank Lehman Brothers 2008 eine Weltwirtschaftskrise ereignete, deren Schockwellen heute noch nachwirken.

In einem der für mich wichtigsten Bücher überhaupt, der »Geschichte eines Deutschen« von Sebastian Haffner, berichtet dieser, wie er am 30. Januar 1933 – Hitler war gerade zum Reichskanzler gewählt worden – völlig schockiert mit seinem gleichfalls bestürzten Vater über die Konsequenzen diskutierte. Nach der ersten Aufregung aber fanden sie, wie Haffner schreibt, dann doch noch »viel Grund zur Beruhigung«.

Ein sensationeller Satz! Denn: Menschen, die in einer guten, für sie angenehmen und wünschenswerten Situation leben, lassen sich ungern das Gefühl nehmen, in einer guten, für sie angenehmen und wünschenswerten Situation zu leben. Wenn irgendetwas dieses Gefühl zu irritieren oder gar in Frage zu stellen beginnt, suchen sie, ja klar, nach Gründen zur Beruhigung. Das aber heißt schlicht und ergreifend: Solange noch keine unmittelbare Einschränkung oder gar Bedrohung der guten, angenehmen und wünschenswerten Lebenssituation spürbar ist, wächst die Wahrscheinlichkeit, dass wir viel mehr Gründe zur Beruhigung als zur Beunruhigung wahrnehmen. Alles nicht so schlimm, kennen wir schon, betrifft uns nicht, nur keine Panik, sowieso, genau.

Dieses Prinzip erklärt, was Historikern, diesen großartigen Hellsehern der Retrospektive, immer so rätselhaft erscheint: Wieso vor keiner einzigen Katastrophe der Geschichte jemand realistisch hat einschätzen können, worauf man gerade zusteuerte. Na ja, abgesehen von den Kassandras, die sagen, was kommen wird, denen aber – wir suchen ja nach Gründen für die Stabilität des Status quo – niemand zuhören mag.

Unsere komfortable, sichere und bitte störungsfreie Welt entwickelt auch heute eine solche mentale Schwerkraft, dass selbst die Klimaforscher nicht recht glauben mögen, was ihre eigenen Daten ihnen sagen, ebenso wenig wie die Biologen, die den Rückgang der Artenvielfalt vor aller Augen dokumentieren. Und das gilt auch für alle anderen, die die kommenden Katastrophen schon heute wissenschaftlich darlegen. Deshalb enden alle Bücher und Vorträge im Konjunktiv des »wir sollten, müssten, könnten« und nicht mit der klaren Mitteilung: »Keine Ahnung, wie es jetzt weitergehen kann, aber so wie jetzt jedenfalls ganz sicher nicht!« Diese Botschaft fehlt; genau wie das Buch mit dem Titel: »Was, wenn wir recht haben?«

Der mehr oder weniger zivilisierte Mensch sucht seit 200 000 Jahren nach geeigneten Formen des Überlebens und Zusammenlebens und ist, das darf man auch mal festhalten, damit ziemlich weit gekommen. Fatalismus ist deshalb völlig fehl am Platz, erst recht, wenn man so luxuriös und frei leben darf wie wir. Aber das Einzige, was wir sicher aus der Geschichte wissen, ist: Gesellschaften sind nie stabil. Nie. Schauen Sie sich mal die

Animation »Europe in the last 1000 years« auf YouTube an, Sie werden augenblicklich jede Gewissheit verlieren, was die Dauerhaftigkeit von Grenzen, Regimen und Ordnungen angeht.

Wir brauchen jetzt mal dringend so eine Art Wirklichkeits-Fitnesscenter, in dem man das Für-möglich-Halten trainieren kann. In einer Zeit, in der unsere scheinbar sichere und stabile Welt mit jeder Finanzkrise, jedem Extremwetterereignis, jedem Wahlerfolg der Rechtspopulisten, jedem Überwachungsskandal, jedem Brexit weiter wackelt, muss es Menschen geben, die sagen: Hallo, hier wackelt gerade etwas, nämlich unsere Welt! Und die dann beunruhigt sind, weshalb sie beginnen, etwas gegen die realen Ursachen der Beunruhigung zu tun.

Weil sie Unruhe stiften und das Bestreben der Beruhigungssüchtigen sabotieren, werden die Warner übel attackiert und sind wenig populär. Aber glauben Sie, dass es Menschen, die in einer falschen Situation das Richtige zu sagen und tun bereit waren, vorrangig um Popularität ging? Eben! Vergleichen Sie mal Edward Snowden mit David Cameron. Sehen Sie!

Ziel der ersten Gymnastikstunde: nicht gut gefunden werden wollen, wenn es um etwas geht. Aber trotzdem aufstehen. Wenn Sie es nicht machen, macht es keiner!

25

Was alles super funktioniert

... über die Angst

Neulich bin ich von einer Journalistin gefragt worden, ob wir jetzt in Zeiten des Terrors leben. »Nein«, habe ich gesagt. »Wir leben in Zeiten, in denen die allerallermeisten Dinge in Beruf und Alltag völlig normal und unauffällig ablaufen. Menschen gehen zur Arbeit, machen Sport, treffen sich in Bars, sorgen sich um Alltagsdinge, die Schulnoten der Kinder, die Preise auf dem Wohnungsmarkt. Kurz: Es ist unendlich viel mehr Nicht-Terror als Terror – wieso also sollten wir in ›Zeiten des Terrors‹ leben?«

Die Journalistin fand das sehr unbefriedigend. Ich versuchte es noch mal: »Allein die Steigerung der Zahl der Verkehrstoten von 2015 im Vergleich zu 2014 liegt höher als die Zahl der Terroropfer. Leben wir also in Zeiten des Verkehrstodes?« Auch das fand sie unbefriedigend, schließlich hätten die Menschen ja Angst, und da könne man nicht mit Statistik kommen. »Okay«, sagte ich, »genau das ist es doch, was die Terror- und Amokleute wollen: so mächtig sein, dass sie Millionen Menschen in Angst und Schrecken versetzen können. Warum sollen wir ihnen den Gefallen tun?« Jetzt hatte sie keine Lust mehr und fand, es gäbe keine Grundlage für ein gutes Interview. Sah ich auch so.

Denn ich denke mehr und mehr: Hier läuft doch grundsätzlich etwas völlig falsch. Seit langem diskutieren wir, ob man nicht viel mehr auf die »Ängste« und »Besorgnisse« der Menschen eingehen müsse, ob man »Wutbürger« und »Frustrierte« nicht viel ernster nehmen müsse – und das nur, weil eine verschwindend kleine Minderheit von Rechtspopulisten sich die Rhetorik der Angst zu eigen und über Talkshows und soziale Medien scheinbar diskursfähig gemacht hat – und seither eine Politik der Angst betreibt und aus jedem Anschlag, jedem Amoklauf eine politische Waffe macht, die sie gegen die etablierte Politik in Stellung bringt.

Das ist eklig, aber dass man darauf eingeht ist genauso dumm, wie den Gewalttätern den Gefallen zu tun, sich wie eine Gesellschaft zu benehmen, die sie zerstören könnten. Wie sollten sie das denn können?

Deshalb machen wir von nun an alles anders. Wir reden jetzt mal ausschließlich über das, was funktioniert, und sehen mit Erstaunen: zum Beispiel, dass bei uns die Arbeitslosigkeit so niedrig ist wie seit einem Vierteljahrhundert nicht mehr. Dass mehr Kinder Abitur machen als jemals zuvor. Dass wieder mehr Kinder geboren werden als in vielen Jahren davor. Dass Radfahren in der Stadt normal geworden ist. Dass Menschen Genossenschaften gründen, um gemeinsam zu bauen, zu gärtnern, zu arbeiten, Energie zu erzeugen. Dass das Politikinteresse bei jungen Menschen stark angestiegen ist, ihre Angst vor Zuwanderung dagegen stark abgesunken. Dass die meisten Menschen hierzulande den Nationalismus für von vorgestern halten und Demokratie gut finden. Oder: dass sie Gewalt in jeder Form ablehnen, sich in unglaublich großer Zahl ehrenamtlich engagieren, bei den Landfrauen genauso wie bei Amnesty International,

Greenpeace, dem NABU oder bei der freiwilligen Feuerwehr. Ist das, bitte schön, zu unwichtig, um darüber zu sprechen?

Und die Neurechten sind wichtiger? Ausgerechnet die? Nein, natürlich nicht. Können wir bitte über die Oma reden, die in ihrem Kleingartenverein durchsetzt, dass man sonntags Kaffeeklatsch mit Flüchtlingen macht, oder darüber, dass jemand mit einem Solarflugzeug den Erdball umrundet hat? Können wir, um es abzukürzen, bitte deutlich machen, dass wir in einer Gesellschaft voller ganz unglaublicher Möglichkeiten leben und dass es jede Menge Leute gibt, die diese Möglichkeiten nutzen, kultivieren, ausbauen – einfach, weil sie es gut finden, ihren Teil beizutragen, damit der Laden läuft? Quer durch die Generationen, die Schichten, die Herkünfte. Denn das ist nun wirklich stark, viel stärker jedenfalls als die Hysterie, mit der alles, was schiefgeht, schlecht läuft, grausam ist und furchtbar, wieder und wieder hochgejazzt, durchgekaut, sondergesendet und gepostet und getwittert und was noch alles wird.

Wir haben, und das ist wirklich wichtig, eine offene Gesellschaft, die den Menschen, die in ihr leben, Freiheit und Sicherheit bietet, Handlungsspielräume und Entfaltungsmöglichkeiten. Die Kritik duldet und sogar braucht, um sich weiterzuentwickeln. Tatsächlich ist die offene Gesellschaft die einzige Form von Gesellschaft, die ihre Kritiker und Gegenbewegungen braucht, um Herausforderungen bewältigen zu können. Autokratien und Diktaturen sind starr, sie modernisieren sich nicht, sondern halten sich nur an der Macht, indem sie Kritik mit Gewalt begegnen und Schleimer begünstigen.

Und weil das alles so ist, organisieren sich jetzt, genau ein Jahr vor der nächsten Bundestagswahl, die Freundinnen und Freunde der Offenen Gesellschaft und machen aus jedem Einzelnen der kommenden 365 Tage einen Tag der Offenen Gesellschaft: mit Musikfestivals, Debatten, Lesungen, Anzeigen, Flashmobs, Demonstrationen, Konzerten, Filmen – und allem, was nicht zuletzt auch Ihnen dazu einfällt.

Es sind schon heute eine Menge Verbände, Unternehmen, Vereine, Einzelpersonen, Theater, Cafés und so weiter dabei, und mir scheint die Vorstellung sehr cool, dass ein ganzes Land plötzlich mal pro ist und für das eintritt, was es ist und was es kann. Was Sie tun können und wie Sie Freundin und Freund der Offenen Gesellschaft werden können, finden Sie unter die-offene-gesellschaft.de, und ich sage Ihnen, dort gibt es schon eine Menge Menschen, die super finden, wenn Sie auch dabei sind. Wir, liebe Leserinnen und Leser, sind nämlich die Mehrheit, und das müssen wir dem Rest jetzt mal dringend mitteilen. Gemeinsam.

26

Lassen Sie mich mal sehen!

… über die versperrte Aussicht

Gerade lese ich einen dieser Sätze, die ich liebe: »Vielleicht werden wir bald schon smarte Fenster haben, so dass man seine E-Mails auf der Fensterscheibe lesen oder darauf fernsehen kann.« Sagt Mikael Ydholm, seines Zeichens Forschungschef von Ikea, was auch immer in diesem Unternehmen wohl erforscht wird. Ach so, denke ich beim Lesen, ich dachte immer, Fenster wären dazu da, dass man heraus, also in die Welt schauen kann und dass Licht in die Bude kommt. Stimmt nicht mehr.

Erst neulich hat auch Bahnchef Grube geträumt, dass die Fenster in den Bahnwaggons irgendwann einmal Screens zum Lesen von E-Mails und so sein würden. Die Utopie, die hinter solchen smarten Fenstern aufscheint – die dann eben keine Fenster mehr sind, sondern Bildschirme – scheint mir ziemlich grauenerregend: Denn irgendwann soll ja niemand mehr etwas erblicken, was nicht ein personalisierter Algorithmus für ihn zum Erblicken vorgesehen hat. Denn es könnte ja sein, dass draußen etwas passiert, was nicht voreingestellt, programmiert, vorgesehen ist – also, Gott bewahre, womöglich nutzlos und nicht verwertbar ist, was sich nicht messen und bewerten, nicht liken und weiterleiten lässt!

Alle sollen nur noch in einer Spiegelhölle sitzen, in der sie immer genau das vorgesetzt bekommen, von dem der Algorithmus weiß, dass es exakt das ist, was sie am liebsten sehen, was man am meisten von ihnen will und womit man ihnen am besten etwas andrehen kann. Und zwischendurch kommen immer mal E-Mails, ganz prima. Es kommen ja sonst nicht genug. Und sinnlose Bilder, Filmchen, Selfies. Da muss jetzt echt mal Schluss sein mit diesem ungeplanten Rausgucken, das ist geradezu gefährlich, da kann man ja auf Gedanken kommen!

Und jetzt erzähle ich Ihnen, was ich als erklärter Fortschrittsfeind diesen Sommer über gemacht habe. Für mich war das nämlich ein ganz besonderer, denn es war der erste, den ich komplett am Wasser verbringen durfte, und zwar an einem mit starkem Schiffs- und Bootsverkehr: Vor allem am Wochenende sah ich ein minütlich wechselndes Wimmelbild voller Ausflugsschiffe, Hausboote, seltsamer Flöße und privater Wasserfahrzeuge jeder Art, vom riesigen Sportboot, dessen Hochleistungsachtzylindermaschine selbst bei Vorbeifahrt mit fünf Knoten alle umliegenden Fensterscheiben vibrieren lässt, über die vor allem von älteren Männern in Unterhemden bewegten hochseetauglichen Motoryachten, wo Mutti unten schon mal den Nudelsalat fertig macht, bis hin zu Huckleberry-Finn-mäßigen Flößen mit Hütte drauf, auf denen sich wiederum vor allem männliche Jugendliche mit Bierkästen und Technomusik aufhalten, die alle bei der Anmietung unterschrieben haben, dass sie unheimlich aufgekratzt rumgrölen müssen, wenn sie irgendwo vorbeifahren, und sie fahren ja immer irgendwo vorbei. Geht gar nicht anders.

So weit die, deren Aktivität vor allem darin besteht, Sprit zu verbrauchen und vorbeizufahren. Dann gibt es die, die sportlich unterwegs sind, also die mit dem Kanu, dem Kajak, dem Ruderboot, und die entweder kontemplativ wandernd oder verbissen leistend zwischen den stinkenden anderen Wasserfahrzeugen durchmanövrieren.

Und dann – und das sind meine absoluten Lieblinge! – gibt es SUPs. Nein, das sind nicht die nautischen Äquivalente der SUVs, der im Straßenverkehr täglich mehr werdenden Kampfwagen gegen das Weltklima. Die gibt es auf dem Wasser auch, reichlich, mit 400 PS oder so und genauso aggressiv gestylt und mit demselben dumpfen Personal besetzt. Aber SUPs sind ihr genaues Gegenteil. SUP steht für Stand-up-Paddling und wird so betrieben, dass man aus keinem Grund auf einem Surfbrett steht und ein Paddel in der Hand hat, mit dem man das tut, was man früher dem Ostfriesen nachsagte, der mit dem Messer auf dem Deich steht: in See stechen.

Ja, an guten Tagen stechen so viele mit dem Paddel in den See, als handele es sich um eine Demonstration gegen TTIP, gern auch in der Gruppe, gern auch mit ausgefahrenem Selfiestick, um ein Selfie davon zu machen, wie man aus keinem Grund auf einem Brett im Wasser steht. Outfitmäßig können sich die meisten echt sehen lassen, und es handelt sich weitgehend um dieselben, die im Holzfällerhemd durch großstädtische Fußgängerzonen laufen und sich geben, als würden sie vor dem Frühstück normalerweise erst mal ein, zwei Braunbären niederringen. Also: Die Typen sind jung, schlank und tragen zum Bart Shorts, in denen wasserdichte Smartphones sicher transportiert werden können, die Damen superschicke Bikinioberteile und auch Shorts, die aber wesentlich knapper geschnitten sind, so dass ich mich immer frage, wo sie ihre Smartphones haben. Ungeklärt.

Also sitze ich am Ufer und schaue mir das alles an. Und es gefällt mir, dass das alles einfach so da ist, auch das, was mir nicht gefällt. Dass auch nicht das Geringste davon in irgendeiner Weise auf mich zugeschnitten ist. Dass ich mir dazu meine Gedanken machen kann oder auch nicht, amüsiert, interesselos, abschweifend. Das ist das Leben, wie es da draußen ist, solange es Ihnen nicht durch Algorithmen gefiltert als Ihr ganz persönlicher Weltausschnitt supersmart serviert wird. 211 Millionen Mal ganz individuell. Das ist nämlich die Auflage des neuesten Ikea-Katalogs. Er hat das Motto: »Entworfen für dich, nicht für irgendwen.« Wäre es nicht schön, wenn sie diese 211 Millionen allesamt zurückgeschickt bekämen, mit dem Vermerk: »Danke, brauchen wir nicht. Wir schauen lieber aus dem Fenster.«

27
Neue Spielregeln
… über das System

Die digitale Welt dringt immer tiefer in unseren Alltag vor und bestimmt unser Leben. Was aber, wenn man das gar nicht will? Und sich wehrt?

Unlängst war ich Redner auf einer Veranstaltung in Berlin. Also: Ich sollte da Redner sein, so hatte ich es in meinen Kalender eingetragen. Leider hatte ich wie üblich aus Nachlässigkeit Uhrzeit und Kontakt nicht notiert, und als der Termin nahte, dachte ich mir, ich müsse doch mal nachschauen, wann genau ich dran und wer da eigentlich noch so sei.

Die Veranstaltung hieß »Festival der Zukunft«, und als solches erwies sie sich auch gleich. Denn die Homepage war sehr pompös und bunt und vielfältig und teilte mit, dass auch die Umweltministerin höchstpersönlich kommen werde. Leider aber gab es kein Programm der Veranstaltung. Man konnte sich eins als App herunterladen, was ich nicht kann: Ich habe ja kein Smartphone. Gut, dachte ich, schreibst du an die Agentur, die den ganzen Zauber veranstaltet, die werden ja ein Programm haben. Die Antwort dauerte ein bisschen und bestand dann – genau: in dem Link, mit dem ich mir die App herunterladen könne. Da dachte ich: Bitte, dann eben ohne mich! Aber irgendwann rief mich der Moderator an, weil er noch die Themen genauer absprechen wollte. Auf diese, und nur auf diese Weise erfuhr ich, wann ich wo wozu sprechen sollte. Einen herzlichen Dank an die Veranstalter! So allerdings stelle ich mir die Zukunft nicht vor.

Ich stelle sie mir, nur zum Beispiel, auch nicht so vor, dass man bei einem Defekt der nagelneuen Geschirrspülmaschine sich erstens die Gebrauchsanweisung aus dem Netz herunterladen muss und zweitens beim schließlich doch notwendigen Anruf beim Service aufgefordert wird, bitte das Typenschild schnell zu fotografieren und rüberzuschicken. Die Irritation, die auf der anderen Seite entstand, als ich mitteilte, dass ich kein Smartphone besitze, aber gern die Seriennummer vorlesen könne, war erheblich.

Aber noch größer war sie bei jener jungen Journalistin einer überregionalen Qualitätszeitung, die einen Artikel über die Zwänge des Internets schreiben wollte und mich mitten im Interview fassungslos fragte: »Sie haben kein Smartphone? Mein Gott! Was machen Sie denn, wenn Sie in eine fremde Stadt fahren?« Worauf ich sagte: »Ich verstehe Ihre Frage nicht.« Daraufhin sprach sie lauter, weil ihr plötzlich der Gedanke kam, sie könne es ja nur mit einem Demenzpatienten zu tun haben: »Ich meine: Was tun Sie, wenn Sie in eine fremde Stadt kommen?« – Ich: »Ich verstehe Ihre Frage nicht. Was soll ich dann machen? Ich gehe dahin, wo ich hinwill.« Sie: »Aber Sie haben doch kein Smartphone!« Und so weiter. Tatsächlich gehörte ich fortan nicht mehr in ihr Universum des Vorstellbaren, und leicht unsicher beendete sie das Gespräch.

Jetzt aber zurück zur Zukunft. Die stelle ich mir auch nicht so vor, dass man Fahrkarten für die Straßenbahn nur noch per Smartphone kaufen kann oder sich vor jeder erdenklichen Dienstleistung registrieren lassen muss – bei wem? Wofür? Mit welchem Recht? – oder dass einem umgekehrt noch die selbstverständlichsten Dinge eiskalt verweigert werden. Ach so: Die Geschichte mit der nagelneuen Geschirrspülmaschine ging so weiter, dass der trotz allem sich noch so nennende Service mir erst mal ein Registrierungsformular statt eines Technikers schickte. Nein, ohne Registrierung keinen Termin für die Reparatur; das System verlangt es.

Fällt jemandem auf, dass all das eine Änderung der Spielregeln im laufenden Spiel ist? Wollte ich je in das »System«? Niemals. Solche Schikane geht inzwischen bis in höchste, nämlich geistliche Abteilungen. Als ich vor einiger Zeit eine Anfrage bekam, ob ich auf dem Kirchentag sprechen wolle, was ich nicht wollte, teilte mir die freundliche Anfragerin mit: »Dann müssen Sie sich aber aus dem System abmelden.« Auf meine verblüffte Mitteilung hin, ich hätte mich aber nie angemeldet, beschied mich die Dame, das sei egal, ich sei schon mit ihrer Anfrage »im System« registriert, da müsse ich nun selbst aktiv werden. Es gibt ja nicht so viele Situationen, die mich sprachlos machen. Das war so eine. Es ist einfach total irre, was einem heute so alles aufgenötigt wird, ohne dass man je danach gefragt hat. Aber viel schlimmer, weil folgenreicher für die Zukunft, ist der Ausschluss all derjenigen aus der normalen, funktionalen Welt, die sich aus guten Gründen weigern, ein Smartphone zu benutzen: Die Dinger sind nicht sicher, die Apps verbinden sich zum Teil mit Tausenden von Servern, von denen man nicht einen einzigen kennt, sie machen psychisch abhängig, erzeugen jede Menge zusätzlichen Energieverbrauch und, unter uns, machen asozial und orientierungslos. Aber: Jemand, der kein Smartphone hat, wird schon in kurzer Zeit weder Informationen noch Dienstleistungen bekommen, selbst wenn er, wie in den geschilderten Beispielen, dafür korrekt bezahlt hat. Noch schlimmer: Was ist mit den Menschen, die sich kein Smartphone und die zugehörigen Verträge leisten können? Wer kein Einkommen hat, obdachlos oder einfach nur arm ist, zahlt ja schon für sein Girokonto mehr als ein Normalverdiener, dasselbe wird für alles gelten, was nicht online und im »System« abgewickelt wird.

Menschen, die, aus welchen Gründen auch immer, offline existieren, haben es von Monat zu Monat schwerer, an dem teilzuhaben, was der Rest der Gesellschaft so treibt. Karl Marx hat mal vom »zwanglosen Zwang der Verhältnisse« gesprochen und damit gemeint, dass uns viele strukturelle Zwänge so selbstverständlich erscheinen, dass wir das Zwanghafte daran gar nicht mehr bemerken. Was hier passiert – die lückenlose gnadenlose wahllose Unterordnung von urteils- und entscheidungsfähigen Menschen unter eine technokratische Instanz, die von niemandem gewählt wurde –, das scheint mir ein geradezu radikales Zwangssystem zu sein. Aber vielleicht übertreibe ich. Und vielleicht hat die junge Journalistin ja auch intuitiv richtig verstanden, dass sie mich nicht richtig verstehen sollte. Ich gehöre einfach zu denen, die nicht wollen, was sie wollen sollen.

Ich kann mir vorstellen, dass ich irgendwann an sogenannte »Scheinbushaltestellen« gesetzt werde, von denen nie ein Bus abfährt. So vermittelt man in der Pflege Demenzpatienten das Gefühl, ein Ziel und etwas zu tun zu haben. Dann werde ich es nicht weiter stören, das »System«.

28
Kolumbus ohne GPS
… über Gender

Und dann war da noch die junge Frau in München, die ihre kleine nackte Tochter bei Minusgraden im Fahrradsitz herumfuhr. Von der Polizei angehalten und gefragt, was sie sich dabei denke, antwortete die Mutter: »Sie wollte nichts anziehen!«

Dass es eine Weile dauert, bis junge Menschen autonom entscheidungsfähig sind, und dass man bis dahin eben für sie entscheiden muss, hatte sich bis zu dieser Frau offenbar noch nicht herumgesprochen. Genauso wenig wie zu den neuerdings durchgegenderten Eltern, die sich von einer entwicklungspsychologisch völlig normalen Identitäts- und Geschlechtsunsicherheit ihres Kindes so verunsichern lassen, dass sie dem medizinisch-psychologischen Komplex den Auftrag geben, das vermeintliche Wunschgeschlecht herbeizutherapieren.

»Vermeintlich« schreibe ich deshalb, weil ein Kind nicht wissen kann, was es sein will und sein wird. Weder seine Gehirn- noch seine Persönlichkeitsentwicklung sind vor dem jungen Erwachsenenalter abgeschlossen – wie kann man da auf die Idee kommen, der Biologie ins Handwerk zu pfuschen?

Nun, man kann auf eine solche Idee kommen, wenn einem die Vorstellung abhandengekommen ist, dass Menschen Naturwesen sind, biologisch betrachtet Tiere wie andere Tiere auch. Und eine solche Vorstellung kommt unter zwei Voraussetzungen abhanden: Wenn man, erstens, in einer Gesellschaft lebt, die alles, was es gibt, als Ware und somit für den verfügbar hält, der bezahlen kann. Und die, zweitens, den Aberglauben der Moderne verinnerlicht hat, dass mit den Mitteln der Technik alles möglich ist. Und dass, weil etwas gemacht werden kann, es auch gemacht werden sollte. Mit dem Fortschritt der medizinischen und chirurgischen Möglichkeiten tritt der Wunschkörper, das Wunschgeschlecht, die Wunschidentität nun in den Bereich des Möglichen, und in einer Welt, in der Sinnstiftung nur durch Kaufhandlungen stattfindet, scheint es natürlich als Gipfel der Verwirklichung, wenn man sich auch selbst kaufen kann.

Die Übersetzung seiner selbst (oder noch schlimmer: seines Kindes) in ein gestaltbares Produkt ist absurd. Denn eine Persönlichkeit, ein Leben, entwickelt sich ja an den Schwierigkeiten und Widerständen, die man ständig zu überwinden oder mit denen man zu leben lernt.

Und wie verstehen wir uns selbst und die anderen? Im Medium von Geschichten, die wir erzählen oder die uns erzählt werden. Aber glatte Geschichten, in denen alles so läuft, wie man es sich gewünscht hat, sind total uninteressant – spannend wird es doch immer nur dann, wenn etwas Unerwartetes geschieht, eine Komplikation, ein Zufall, etwas, das dazwischenkommt. Leben besteht nicht aus durchgeplanten Abläufen, in denen alles wunschgemäß geliefert wird, sondern Lebensläufe sind, mit einer Formulierung des Philosophen Odo Marquard: »Handlungs-Widerfahrnis-Gemische«. Und Lebensgeschichten, die erzählenswert sind, entstehen erst, wenn in ihnen etwas dazwischenkommt: »Wir sind stets mehr unsere Zufälle als unsere Leistungen.«

Wenn Kolumbus Indien amerikalos erreicht hätte, wenn Rotkäppchen die Großmutter wolflos besucht hätte, wenn Odysseus ohne Zwischenfälle schnell nach Hause gekommen wäre, wären das keine Geschichten gewesen. Vorher hätte es – als Voraussage oder als Planung – die Prognose gegeben, hinterher nur die Feststellung: »Es hat geklappt.« Übertragen Sie das mal in unsere Zeit, in der alle Probleme durch Konsum gelöst werden können: Kolumbus hätte sich mit dem Smartphone-GPS nicht verfahren, Rotkäppchen hätte mit der Gesichtserkennungs-App sofort gemerkt, dass der Wolf nicht die Großmutter ist, und Odysseus wäre pünktlich wieder zu Hause bei Penelope gewesen, zurück von seiner Dienstreise nach Troja: »Hallo Schatz«, hätte seine Frau gelangweilt gesagt, »wie war dein Tag?«

Kurz: ist die permanente Wunscherfüllung wünschenswert? Nein, ist sie nicht. Vor allem nicht, wenn sie einen Preis hat, den andere Menschen bezahlen müssen.

Und damit zurück zum Genderthema. Dazu gehört ja auch, dass jede geschlechtliche Wunschexistenz nicht nur die Anerkennung einfordert (in Berlin etwa mit der Forderung nach der dritten Klotür für Transgender, für die es natürlich eine niederträchtige Zumutung ist, wenn sie wahlweise auf die Herrentoilette oder die Damentoilette gehen sollen), sondern eben auch andere Menschen für die ureigene Wunscherfüllung benutzt.

Und wie ist es mit dem unerfüllten Kinderwunsch? Was ist es denn anderes als gnadenloser Konsum, wenn ein wie auch immer geschlechtlich gestricktes Paar aus dem reichen Westen sich eine Leihmutter in Indien, Bangladesch oder in einem armen afrikanischen Land kauft, die mal eben neun Monate biologische Dienstleistung für jenes vermeintliche Lebensglück zu liefern hat, auf die die Reicheren einen Anspruch zu haben glauben?

Nach den psychischen Folgeproblemen einer solchen Leihmutter fragt niemand, auch nicht, wo hier eigentlich die sonst so beliebte Anerkennungsfrage geblieben ist. Oder hat eine Person schon automatisch keine Würde mehr, wenn man sie zur Ware gemacht hat?

So betrachtet befördert die Wunscherfüllungskultur zwei erschreckende Defizite: Sie stellt das Ich über alles und schafft es paradoxerweise zugleich wieder ab – denn ein Ich, dem nie etwas widerfährt, ist und wird keines, jedenfalls nicht im Sinn des Menschenbilds, das wir seit der Aufklärung gepflegt haben. Zweitens sind die Mittel zur Egowunscherfüllung oft zutiefst asozial und unethisch.

Es sollte, so schlicht würde ich es formulieren, einfach Dinge geben, die man für Geld nicht kaufen kann – schon um die Käuferinnen und Käufer vor sich selbst zu schützen. Und ihre Kinder vor ihnen.

29

Für immer mein

... über Effizienz

Neulich bekam ich eine Mail von jemandem, der einen Vortrag von mir besucht hatte: »Wie passt das Tragen eines Lacoste-Hemdes zu den antikapitalistischen, konsumkritischen Thesen, die ich aus Ihren Büchern mitnehme?« Gute Frage. Und sogleich fiel mir die Mail-Flut nach dem Fernsehbeitrag ein, in dem Einrichtungsgegenstände aus unserem Wohnzimmer zu sehen waren: »Wie passen denn bitte schön all die Designermöbel zu Ihren Nachhaltigkeitspredigten?« Und es gibt noch einiges mehr, was Menschen so auffällt: Welche Uhr trägt der, wie oft fährt er in der Gegend herum, wieso sagt er manchmal Dinge, die seinen eigenen Thesen widersprechen? Manchmal bringen mich solche Fragen ins Schwitzen, weil – bitte sagen Sie es nicht weiter – ich gelegentlich gegen meine Überzeugungen handele.

Allerdings eher nicht in solchen Fällen: Das in Verdacht geratene Lacoste-Hemd ist nämlich uralt. Ich könnte jetzt sagen: Es kommt aus der Fabrik in Troyes in Frankreich, wo Lacoste nach wie vor Textilien herstellt. Es kann aber sein, dass es irgendwo in Asien produziert worden ist. Als ich es gekauft habe, vor zehn oder fünfzehn Jahren – ich weiß es nicht mehr –, war ich davon ausgegangen, dass die all ihre Sachen in Frankreich herstellen. Aber wahrscheinlich war das falsch. Natürlich wäre diese Erkenntnis kein Grund, das Hemd nicht mehr zu tragen, sondern einer mehr, es so lange zu benutzen, wie es geht. Was übrigens mit so einem Hemd sehr gutgeht, es hält nämlich lange.

Und wenn es irgendwann abgewetzt aussieht, trage ich es zu einer Änderungsschneiderin, die macht es wieder fit. Ein paar meiner Sachen tragen innen ein Label, auf dem steht: »Bis es mir vom Leibe fällt«. Es ist der Name einer kleinen Fashion-Firma in Berlin, die sich dem Reparieren, Umschneidern, Ändern von Kleidungsstücken verschrieben hat, die sonst in den Müll wandern oder ungetragen im Schrank vor sich hin liegen (was, laut einer Greenpeace-Studie, für etwa 40 Prozent aller Klamotten gilt).

Und die Möbel? Noch besser! Was heute wie »Designermöbel« aussieht, stammt aus einer Zeit, als es den Begriff »Designer« noch gar nicht gab. Kein Tisch, Stuhl oder Schrank bei mir zu Haus ist jünger als 40 Jahre, jedes so gestaltet, dass es zeitlos ist und von einer Qualität, bei der es auf ein paar Jahrzehnte mehr oder weniger nicht ankommt. Und nicht wenig davon entstammt zäher Suche im Sperrmüll und in Gebrauchtmöbelhäusern. Denn das ist aus meiner Sicht nachhaltig: Wenn man die Dinge, die schon in der Welt sind, so lange wie irgend möglich benutzt. Dann ist der Konsum dessen, was an Arbeit, Material und Energie für sie aufgewendet werden musste, eine äußerst langwierige Angelegenheit, oder anders gesagt: Die Sachen werden nicht verbraucht, sondern verwendet. Auch wenn zum Zeitpunkt der Herstellung eines entsprechenden Stuhls oder Sofas noch kein Mensch über »Effizienz« geredet hat, ist die Ausbeute der jeweiligen Energie- und Ressourceneinheiten um ein Vielfaches besser als die eines auf baldige Ersetzung ausgelegten Teils, auf dem irgendein Ökosiegel pappt.

Und das bringt mich zu einem der Lieblingsirrtümer der meisten Menschen, die über Nachhaltigkeit reden: Dass Nachhaltigkeit vor allem durch mehr Effizienz zu erreichen sei. Falsch: Nachhaltigkeit beruht vor allem auf Ineffizienz – etwa durch die langwierige, geduldige, sorgfältige Herstellung eines Gutes. Oder durch die komplexe Konstruktion eines Mantels, der – wie früher ganz selbstverständlich – dafür gemacht war, dass man ihn irgendwann umarbeiten würde. Sei es, weil der Träger im Lauf der Zeit dicker oder dünner geworden war, oder weil das Stück von jemand anderem weitergetragen wurde.

Aus solchen Zeiten stammt auch der Satz: »Ich kann es mir nicht leisten, billig zu kaufen«, der heute wahrscheinlich nur als Witz verstanden wird, wo einem die Welt vor allem in Gestalt von Dauer-»Sales« und Preisvergleichsportalen entgegentritt. Es ist aber kein Witz. Der Satz legt Zeugnis davon ab, dass man sich des Aufwands – und damit des Wertes – bewusst ist, der in den Sachen steckt. Wo es um Effizienz geht, spielt Zeit nur die Rolle einer Größe, die unbedingt zu verringern ist.

Und bei dieser Gelegenheit schauen wir uns mal den Ursprung des Begriffs »Nachhaltigkeit« an, der bekanntlich aus der Forstwirtschaft stammt, von einem Mann namens Hans Carl von Carlowitz. Der forderte im Jahr 1713, dass »eine Gleichheit zwischen An- und Zuwachs und dem Abtrieb des Holtzes erfolget«, damit seine Nutzung »immerwährend«, »continuirlich« und »perpetuirlich« stattfinden könne. »Daßwegen sollten wir unsere oeconomie also und dahin einrichten, daß wir keinen Mangel daran leiden, und wo es abgetrieben ist, dahin trachten, wie an dessen Stelle junges wieder wachsen möge.« Gut gesagt,

Carlowitz! Kein Wunder, dass heute kaum eine Sonntagsrede zur Nachhaltigkeit ohne Verweis auf den alten Oberberghauptmann aus Freiberg auskommt – und alle im Saal ob solch tiefer Weisheit ganz gerührt sind.

Aber: Wie immer im Leben kommt es auch hier drauf an, was man draus macht. Man kann darauf nämlich die romantische Vorstellung des geduldigen, naturverbundenen, bärtigen Forstmanns bauen, der dem Wald die Zeit gibt, die er nun mal braucht, um nachzuwachsen. Oder ganz im Gegenteil sofort auf die Idee kommen, dass man unter der Voraussetzung der »Gleichheit zwischen Zuwachs und Abtrieb« eben besser besonders schnell wachsende Bäume pflanzt – womit man in Carlowitz den Erfinder genau jenes monokulturellen Stangenwalds hat, der möglichst schnell das Holz für die Billigmöbel liefert, die ihrerseits möglichst schnell wieder weggeworfen werden. So betrachtet ist der Begriff der Nachhaltigkeit schon janusköpfig, seit es ihn gibt – und in einer Wirtschaft, die alle Effizienzgewinne in Mehrwert umsetzt, ist der langsame, unordentliche und vielfältige Mischwald echt hintendran.

Was lehrt uns das? Dass echte Nachhaltigkeit eben nicht daran ablesbar ist, wie effizient eine Ressource ausgebeutet wird. Und dass wir wieder zu unterscheiden lernen müssen, was Wert hat und was Wert lediglich zerstört.

Am Ende noch die Auflösung: Carlowitz war doch ein Guter. Und Sinn für Humor hatte der Kerl auch. Denn in seinem Buch steht auch dieser Satz: »Man soll keine alten Kleider wegwerfen, bis man neue hat.«

30

Schon vergessen?

... über das Jammern

Wann haben Sie das letzte Mal eine gute Rede gehört, zum Beispiel von einem Politiker? Ich in diesem Jahr schon ein paarmal. Und jedes Mal war ich überrascht, weil ich etwas Langweiliges und Sonntagsredenhaftes erwartet hatte. Ja, ich weiß, das ist arrogant, weil ich damit den Rednern nicht zugetraut habe, dass sie vielleicht etwas zu sagen hätten, was wichtig wäre.

Da war zum Beispiel der Innenminister von Niedersachsen Boris Pistorius, der in seinem Grußwort zum 50. Geburtstag der Kinderhilfsorganisation »Terre des hommes« sagte: »Statt Obergrenzen für Flüchtlinge festzulegen, sollten wir Untergrenzen der Humanität definieren.« Fand ich super, nicht nur, weil es ein Statement gegen das ewige Hetzen gegen die Flüchtlingspolitik der Kanzlerin war. Sondern auch, weil hier ein Argument mal umgedreht und elegant in Erinnerung gerufen wurde, worum es wirklich geht: um die Frage, welche moralischen Standards bei uns gelten und Grundlage unserer Entscheidungen sind.

Und noch eine Rede hat mich beeindruckt. Die hielt Oberbürgermeister Frank Baranowski beim Neujahrsempfang von Gelsenkirchen, einer armen und krisengebeutelten Stadt mit fast

14 Prozent Arbeitslosigkeit: »Wir haben ja in der Geschichte unserer Stadt erlebt, wovor viele heute Angst haben. Wir haben erlebt, woran eine Gesellschaft – zumindest theoretisch – zerbrechen könnte. Wir wissen, wie es ist, wenn die Geschäftsgrundlage eines Gemeinwesens wegfällt, ja wegbricht.« Allein in den Branchen Kohle und Stahl seien in Gelsenkirchen 80 000 Arbeitsplätze verlorengegangen, sagte Baranowski. »Wenn wir von Belastungsgrenzen einer Gesellschaft sprechen – in jenen Jahren waren sie hier ganz sicher erreicht, ja überschritten. Das war eine ganz andere Belastungsprobe als die, von der heute manche reden. Wenn man sich nur noch einmal die Zahl der weggefallenen Arbeitsplätze und Existenzgrundlagen in der Montanindustrie vor Augen führt – 80 000 –, kann man kaum glauben, dass einige Leute kürzlich einen ähnlichen Ausnahmezustand gesehen haben bei der Ankunft der Flüchtlinge in Deutschland, bei etwa 4500 zugewiesenen Flüchtlingen in Gelsenkirchen.«

Herr Baranowski hat in seiner Rede noch viele andere gute Sachen gesagt, über Zusammenhalt und Haltung beispielsweise. Können Sie alles auf www.gelsenkirchen.de nachlesen – es lohnt sich. Wichtig ist hier aber auch wieder der Blickwechsel: Belastungsgrenze mal anders. Und daraus dann eine Geschichte erzählen, wie das Überleben einer sozialen Katastrophe die Stadt stärker und solidarischer gemacht hat.

Und daraus kann man eine allgemeine Frage ableiten: Was macht uns eigentlich stark? Individuell und gesellschaftlich? Bestimmt nicht das ewige Genörgel an allem, was angeblich nicht funktioniert. Bestimmt nicht das steindumme Geschwätz vom »Staatsversagen«, und bestimmt auch nicht das Dagegensein-aus-Prinzip.

Mein Lieblingsbeispiel dazu stammt aus einem Bericht über den Tag der offenen Tür im Kanzleramt. Dort teilte ein gutgekleideter Endfünfziger einem ZDF-Interviewer allen Ernstes mit, er erwarte mehr Führung, »in so schweren Zeiten wie heute«. Schwere Zeiten? In einem Land, in dem Frieden, Vollbeschäftigung und Steuerüberschüsse herrschen? In dem die Leute hauptsächlich davon gestresst sind, dass sie sich dauernd etwas Neues im Internet bestellen und es dann wieder zurückschicken müssen?

Oder umgekehrt: Schwere Zeiten? Wo die weit überwiegende Mehrzahl aller terroristischen Anschläge in muslimischen Ländern stattfindet, wo islamistische Gruppen Hunderte Mädchen entführen und Zigtausende Menschen drangsalieren, wo weltweit 65 Millionen Menschen auf der Flucht sind? Wohin haben sich denn die Maßstäbe bei so jemandem verschoben?

Leider steht der Mann, der zu seinem Glück offenbar noch nie etwas erlebt hat, das sich ernsthaft als »schwer« bezeichnen ließe, nicht allein: Manchmal scheint ja das ganze Land in wehleidige Hysterie zu verfallen: Alle jammern, haben aber in der Zwischenzeit schon längst vergessen, warum eigentlich. Und verbreiten schlechte Laune, worüber dann gleich der Nächste jammern kann. In Talkshows ist das mittlerweile zum Prinzip geworden: Wir senden heute wieder schlechte Laune! Viel Vergnügen!

Apropos: Mir hat gerade ein Radiosender ein Hörspiel aus dem Jahr 1947 zugeschickt, ein grandioses Stück Rundfunkgeschichte. Damals hat ein Journalist namens Ernst Schnabel die Hörer gebeten, sie mögen ihm schreiben, was sie am 29. Januar jenes Jahres erlebt und wie sie diesen Tag empfunden hatten. Er bekam 35 000 Zuschriften und hat daraus ein zweistündiges

Hörspiel komponiert. Darin finden sich berührende Sätze wie: »Ich möchte um etwas Geschirr bitten. Wir trinken abwechselnd aus einer Tasse.« Oder: »Man hat ein bisschen Hunger. Oder, was noch schlimmer ist: Man hat diese dauernde Angst, dass man Hunger bekommen könnte.«

Ups. Ähm. Also, tja ... ist doch peinlich, worüber heute gejammert wird, oder? Wollen wir uns bitte mal alle ein bisschen nachjustieren und in Erinnerung rufen, was wirkliche Probleme sind? Ja? Und uns dann mal umschauen, wer heute noch genau solche Probleme hat? Und dann überlegen, was man zur Abschaffung dieser Probleme tun kann – als Einzelner und als Gesellschaft?

Genau. Und wenn man das macht, fällt der Perspektivwechsel ganz leicht: von der Obergrenze zur Untergrenze, vom Jammern zum Anpacken, von der schlechten zur guten Laune. Und dann fällt einem vielleicht auch wieder ein, weshalb man eigentlich auf der Welt ist.

31
Genug davon!
… über Mobilität

Nein, der folgende Auszug aus einem Automobiltest stammt nicht von 1967. Auch nicht aus der Steinzeit. Wirklich. Auch wenn Sie es nicht glauben werden, ich versichere Ihnen und kann es belegen: Er wurde in der Jetztzeit geschrieben, 21. Jahrhundert, Mitteleuropa. Schnallen Sie sich an!

»Das Auffälligste, das Intensivste, vielleicht das Beste ist der Motorklang. Der Levante S, ein Turbobenziner mit 430 PS aus dem Hause Ferrari, singt in der Sporteinstellung ein Lied, wie man es selten hört. Insbesondere beim unbeherrschten Angasen zieht die Stimmlage vom Bariton in die Tenorlage hinein, aber original motorsportmäßig.«

Die selbstverständliche Referenz auf Verhaltensweisen wie »unbeherrschtes Angasen« gibt bereits Hinweise auf die ideologische Verortung des Autors, der diesen Text in der österreichischen Auto Revue (Heft 10/2016) veröffentlichte. Aber es geht noch weiter:

»Ein Kaufargument ist der Sound auch beim Diesel, dessen eigentümlich böses Bassgrummeln – dank ›Maserati Active Sound‹, ein Abgas-Soundsystem, also künstlich generiert, wie es überall stattfindet, hier aber mit sympathischer Offenheit zugegeben wird – dessen böses Bassgrummeln also per Gaspedal in ein geradezu beängstigendes Rumoren übergeht. Das ist so verdammt gut, dass man schnell fährt nur wegen der Geräuschkulisse. Auch die Passanten haben was davon. Und bei passender Windrichtung die Bewohner der angrenzenden Dörfer.«

Tief durchatmen. Tapfer sein. Dass es Teile der Menschheit gibt, die rettungslos verballert sind, wissen wir, seit die Absatzzahlen tonnenschwerer Stadt-Geländewagen in die Höhe klettern, die aussehen, als müssten sie morgen nach Kabul zum Kampfeinsatz. Aber dass künstlich erzeugte Asozialität einen Autotester zu delirierender Begeisterung statt zum Abraten vom Kauf bringt: Das passt, sagen wir es ganz, ganz, ganz vorsichtig, nicht direkt in die Zeit.

Obwohl: Wenn man sich das gegenwärtige Autodesign anschaut, vielleicht ja doch. Denn aggressiver war es noch nie. Heute fahren biedere Familien- und Vertreterkutschen einen Kühlergrill vor sich her, der aussieht, als würde er vorausfahrende Kleinwagen inhalieren und in kleinen Stückchen hinten aus dem Vierrohrauspuff wieder ausscheiden wollen. Selbst das Magazin »Auto Bild«, einer grundsätzlichen Autofeindschaft eher unverdächtig, hat dem Aggro-Design unlängst einen langen Artikel gewidmet und Abrüstung gefordert.

Aber das wird wohl noch ein bisschen dauern. In Nordamerika gibt es seit der Wahl Donald Trumps ja mehr sogenannte »Coal Rollers« denn je: So nennen sich Menschen, die gegen Umweltschutz und Schadstoffreduktion sind und ihre Fahrzeuge, bevorzugt riesige Pick-ups, deshalb mit manipulierten Auspuffanlagen ausrüsten, die besonders viel Dreck ausstoßen, wenn man ordentlich Gas gibt beziehungsweise »unbeherrscht angast«. Und das tun die »Coal Rollers« ganz besonders gern und intensiv, wenn sie an einer roten Ampel neben einem Elektroauto oder gar neben einem Fahrrad zum Stehen kommen.

Erinnert sie das an etwas? Ja, genau: die allgegenwärtige »Gutmenschen«-Kritik. Leute, die etwas für die Verbesserung der Welt tun, werden von ihren Mitbürgern, die mehr für ihre Verschlechterung sind, ja gerne als weltfremde Zausel beschimpft und zunehmend auch direkt bekämpft. Und im Straßenverkehr ist man besonders angreifbar.

Übrigens: In Deutschland gibt es heute mehr als 45 Millionen Autos, die im Schnitt aber maximal eine Stunde am Tag bewegt werden. Den Rest der Zeit stehen sie aufdringlich herum. Die deutschen Städte, in der Autos am meisten Raum verbrauchen, sind München und Stuttgart. Während dort jeweils mehr als zwölf Prozent der Fläche von parkenden Autos belegt werden, sind es in Münster lediglich viereinhalb Prozent, ohne dass von dort auffällig mehr Selbstmorde oder Depressionen wegen Automangels gemeldet werden.

Die »ADAC Motorwelt« berichtete im Februar, dass 2016 genau viereinhalb Prozent mehr Fahrzeuge in Deutschland zugelassen wurden als im Vorjahr. In derselben Ausgabe stand zu lesen, dass es 2016 auch 20 Prozent mehr Staus gab als 2015, insgesamt 694 000 Verkehrsblockaden mit einer Gesamtlänge von 1,3 Millionen Kilometern. Der Unterschied zwischen parkenden und fahrenden Autos verschwimmt.

Nach Vorträgen oder in öffentlichen Diskussionen zum Thema Nachhaltigkeit wird mir gern entgegengehalten, ich predige Verzicht. Nichts könnte falscher sein. Ich predige: Wir müssen aufhören, auf saubere Luft und Freiraum zu verzichten. Oder kann jemand noch ernsthaft behaupten, dass es nicht Verzicht ist, wenn unser öffentlicher Raum, unsere Infrastrukturen, unsere Bewegungsfreiheit durch eine einzige Mobilitätsform so radikal eingeschränkt wird, wie es heute der Fall ist?

Also, liebe Autoindustrie! Ihr habt nicht nur ein kleines Imageproblem wegen dieses Schummel-Software-Skandals. Euch ist offenbar auch die Kreativität abhandengekommen, weil ihr immer davon ausgegangen seid, dass sich überall auf der Welt immer neue Märkte zur Aufnahme eurer grundlos immer größer und aggressiver werdenden Karren auftun. Könnte sein, dass das eine Illusion war, was sich besonders in Zeiten herausstellen wird, da Strafzölle und Importbeschränkungen wieder in Mode kommen. Vielleicht könntet ihr ein ganz klein wenig an eurem Image arbeiten, wenn ihr euch mal wieder als am Gemeinwohl interessierte Unternehmen versteht und neue Mobilitätskonzepte erarbeitet.

Ein bisschen habt ihr ja schon gemacht, indem ihr endlich auch das vor 30 Jahren von »Gutmenschen« erfundene Carsharing aufgegriffen habt, das in Städten übrigens deplatziert ist – da gibt es nämlich öffentlichen Nahverkehr. Entwickelt lieber mal Mobilitätskonzepte für den ländlichen Raum – Nein! Keine Geländewagen! –, denn dort sind die Infrastrukturen so, dass man beim besten Willen kaum um die Nutzung des Autos herumkommt.

Erfindet euch mal neu als Mobilitätsdienstleister und setzt euch mit der Bahn zusammen, um integrierte Konzepte zu entwickeln.

Und vor allem: Rüstet bitte endlich ab! Damit wir so etwas wie den anfangs zitierten Autotest nie, nie, nie wieder lesen müssen.

32

Gesetz der Trägheit
… über Tatenlosigkeit

Wer in einem Land wie unserem leben kann, hat sehr viel Glück gehabt. Kaum irgendwo auf der Welt ist die Wahrscheinlichkeit, Opfer einer Gewalttat zu werden, geringer als hier. Kaum irgendwo ist der Lebensstandard höher. Lebenserwartung, Gesundheitsniveau, die Versorgung für alle Eventualitäten des Lebens sind außergewöhnlich im internationalen Vergleich, und wenn man in die Geschichte schaut, beginnt man erst recht zu begreifen, welch sensationell privilegiertes Leben wir führen dürfen.

Während Kaiser Rudolf II. im Winter 1607/08 der Bart einfror, weil sich sein Schloss nicht hinreichend heizen ließ, während Königinnen im Kindbett starben und Thronfolger im Krieg fielen, und man schon wegen einer Zahnwurzelentzündung sein Leben verlieren konnte, ist bei uns die Kindersterblichkeit auf dem historisch niedrigsten Stand überhaupt. Niemand – von Obdachlosen abgesehen – muss im Winter frieren oder aufgrund fehlender ärztlicher Versorgung sterben. Kinder von heute haben nicht einmal mehr Karies, man kann es an der Statistik ebenso erkennen wie an der Fernsehwerbung für Zahnpasta, die es nicht mehr gibt.

Und da sind wir schon beim entscheidenden Punkt: Dass es frühere Probleme und Plagen nicht mehr gibt, fällt niemandem auf. Dass das Leben sicher ist, alte Menschen betreut werden und die Busse und Straßenbahnen einigermaßen pünktlich fahren, ja, dass der Alltag komplett gepampert ist: eine Selbstverständlichkeit. Und das ist einerseits schön, andererseits furchtbar. Wenn niemand mehr merkt, dass dies alles überhaupt nicht selbstverständlich ist, wird, erstens, all dem auch kein Wert mehr beigemessen. Und, zweitens, nicht verstanden, dass es sich eben nicht um etwas Selbstverständliches handelt, sondern um etwas, das mühsam, konfliktreich, zäh und hartnäckig erkämpft worden ist. Und zwar von Menschen, denen Ungerechtigkeit, Ungleichheit und Armut nicht gleichgültig waren, sondern die so etwas als Herausforderung betrachteten – als persönliche Aufgabe, etwas zu ändern.

Lassen Sie mich das an einem Beispiel illustrieren: dem 29-jährigen Schriftsetzer Lutz Beisel, der in seinen 28 Lebensjahren zuvor nicht im Traum daran gedacht hatte, einmal die Welt fundamental zu verbessern. Vor 50 Jahren war Lutz Beisel 29 Jahre alt, und zu dieser Zeit tobte der Vietnamkrieg, der erste Krieg, der auch in den Wohnzimmern der ganzen Welt stattfand, und dessen Gräuel allabendlich in den Nachrichten dokumentiert wurden.

Lutz Beisel konnte die Vorstellung nicht ertragen, dass in diesem Krieg viele Kinder brutal verletzt, verstümmelt oder verbrannt wurden und dass es keine auch nur entfernt ausreichende medizinische Versorgung für sie gab. Und weil er das nicht ertragen konnte, betrachtete er es als seine Aufgabe, es zu ändern.

Beisel organisierte, dass schwerverletzte Kinder in leeren Versorgungsflugzeugen auf dem Rückflug nach Europa mitgenommen wurden. Er war Kriegsdienstverweigerer und nahm dennoch Kontakt mit der Bundeswehr auf. Nach hartnäckigem Ringen konnte er die Verantwortlichen überzeugen, dass die Luftwaffe die Kinder nach Deutschland weiterflog, damit sie hier in Kliniken versorgt werden konnten. Das war nicht so einfach, wie es sich hier schreibt – aber es ist geglückt. Viele Kinder von damals, die heute selbst Eltern und Großeltern sind, verdanken einem Mann ihr Leben, dem eine Vorstellung unerträglich war.

Jetzt könnte ich noch ergänzen, dass Beisel damals auch die deutsche Sektion des Kinderhilfswerks »Terre des hommes« gegründet hat, ein Hilfswerk, das bis heute weltweit 15 Millionen Kindern auf jede denkbare Art geholfen hat. Aber allein die Rettung der vietnamesischen Kriegskinder reicht völlig, um zu betonen, worum es mir geht: Lutz Beisel hat einen Unterschied gemacht.

Denn zur selben Zeit in derselben Situation wurden Millionen andere Fernsehzuschauer auch Zeuge dessen, was den Kindern geschah, und sicher hatten viele ein starkes Gefühl von Empörung, Wut und Trauer. Aber nur Lutz Beisel war dieses Gefühl so unerträglich, dass er den Unterschied gemacht hat.

Ich glaube, darauf kommt es an: einen Unterschied machen zu wollen. Es ist so leicht, sich selbst zu überzeugen, dass man sowieso nichts machen kann. Dass man ohnmächtig, inkompetent, unmaßgeblich ist, dass es einen nichts angeht, oder was auch immer. Und weil das so leichtfällt, ist es immer sehr wahrscheinlich, dass sehr viele gar nichts machen und allenfalls ein schlechtes Gewissen haben. Und genau deshalb ist es auch so unwahrscheinlich und zugleich so wichtig, dass es Menschen gibt, die eben doch den Unterschied machen. Indem sie etwas machen.

Und jetzt kommt es: Verdanken wir nicht unseren gesamten zivilisatorischen Fortschritt, der uns so selbstverständlich geworden ist, nicht allein jenen, die eine Vorstellung nicht ertragen konnten? Die bereit waren, einen Unterschied zu machen? Sind die irgendwann weltverändernden Bewegungen – die Arbeiter-, Frauen-, Bürgerrechts- oder Ökobewegung – nicht von Einzelnen angestoßen worden, die einen Riesenunterschied gemacht haben? Ohne sie gäbe es keinen Arbeitsschutz, keine Gleichstellungsgesetze, keine internationalen Nachhaltigkeitsziele und kein Klimaschutzabkommen.

So einfach ist das? Ja, so einfach ist das. Es ist nur schwer, den ersten Schritt zu machen. Aber der macht eben den Unterschied.

33

Herzliche Einladung

... über Zusammenhalt

Preisfrage: Was hält eine Gesellschaft zusammen? Eine Verfassung oder, wie in der Bundesrepublik, ein Grundgesetz? Ja, aber das reicht nicht. Eine sozialstaatliche Ordnung, die niemanden ins Elend absinken lässt? Ja, klar, genügt allein aber auch noch nicht. Polizei, Gerichte, freie Medien? Natürlich, aber sorgen die für Zusammenhalt, also für das Gefühl, dass man gemeinsam ein und dieselbe Lebensform haben und teilen möchte? Nein.

Also lautet die preiswürdige Antwort: Zusammenhalt kann von keinem Gesetz vorgeschrieben und durch keine Behörde sichergestellt werden. Es ist nämlich das Vertrauen, das eine Gesellschaft zusammenhält. Vertrauen, das ihre Mitglieder in die Ordnung haben, die ihr Zusammenleben regelt, und vor allem Vertrauen zueinander, in all die anderen, die mit mir – bei allen Unterschieden – meine Gesellschaft bilden.

Das heißt: Eine moderne, freiheitliche Gesellschaft lebt von Voraussetzungen, die man nicht verordnen kann, sondern die da sind, wenn man ein ganz selbstverständliches Gefühl von Zugehörigkeit und persönlicher Sicherheit hat. Dieses Gefühl gibt es, wenn Menschen sagen, dass sie mit ihrem Leben zufrieden sind (in Deutschland sagen das 90 Prozent!), dass sie in einer lebenswerten Umgebung wohnen (von den zehn Städten mit der höchsten Lebensqualität weltweit liegen vier in Deutschland!) und dass etwa die Hälfte der Menschen auch heute noch, bei aller Globalisierung, in ihrer Heimatregion wohnen bleiben, und zwar lebenslang.

Heimat ist dort, wo es nicht egal ist, ob es mich gibt. Auch das hat viel mit Vertrauen zu tun, das durch gelebte Zugehörigkeit gestiftet wird, dadurch, dass man mit seinem Namen angesprochen und smalltalkmäßig gefragt wird: »Wie geht's?« Es sind diese ganz unauffälligen Dinge des Alltags, die Vertrauen stiften und – am wichtigsten – einen selbst dazu beitragen lassen, dass andere Vertrauen haben.

Das alles sollte man nicht idealisieren, denn natürlich gibt es auch, wenn eine Gesellschaft zusammenhält, persönliche Krisen, Einsamkeit, Unrecht, Not. Aber offenbar war das Vertrauen im Westen unseres Landes über drei Generationen hinweg und im Osten nun auch schon eine Generation lang so stabil, dass keine Krise groß genug war, den Zusammenhalt im Kern zu zerstören.

Das ist im historischen Vergleich unglaublich, und wenn man sich heute all die Krisen, Kriege, Wahnsinnsregierungen und Gewaltregime auf der Welt anschaut, merkt man erst, dass es dieses Vertrauen und diesen Zusammenhalt in Diktaturen und autoritären Gesellschaften nicht gibt – aus einem ganz einfachen Grund. Solche Systeme betrachten ihre Bewohnerinnen und Bewohner als Feinde und schaffen deshalb Überwachungsapparate, die vor allem eins tun: Vertrauen zerstören. (Denken Sie nur an die Stasi.) Weshalb? Damit die Menschen umso leichter dem Staat ausgeliefert sind. Sie wissen: Diesem Staat ist es egal, ob es mich gibt, und im Zweifelsfall wird er mich verschwinden lassen oder töten, und niemand wird mir helfen.

Das ist der Grund, warum die freien und offenen Gesellschaften die sichersten sind, die es je in der Geschichte gegeben hat. Aber auch sie brauchen immer mal wieder die Erinnerung, dass ihre Basis in etwas Gemeinsamem liegt. Neulich hat der bekannte Psychologe Ahmad Mansour erzählt, wie er als Flüchtling nach Deutschland kam und sich lange einsam und fremd fühlte. Sein Schlüsselerlebnis war dann das Sommermärchen 2006! Erst im Rahmen dieses ganz unnationalistischen Wir-Erlebnisses wurde es ihm zwanglos möglich, sich als Teil der anderen zu fühlen und hier heimisch zu werden.

Das Beispiel zeigt: Jede moderne Gesellschaft braucht immer mal wieder Anlässe der Vergemeinschaftung, in denen sehr viele aus demselben Anlass zusammen sind und woran sich später jeder erinnern kann. Das ist gerade jetzt mal wieder nötig, da das Vertrauen in unsere Form der Gesellschaft von Diktatoren und solchen, die es werden wollen, von neurechten Politikerinnen und Politikern, von digitaler Dauerüberwachung und smarter Vereinzelung angegriffen wird. Lassen Sie uns also mal etwas ganz Ungewöhnliches machen: feiern, dass wir in einer offenen Gesellschaft leben dürfen. Äh, echt jetzt? Ja, echt! Und zwar immer an einem Samstag, Mitte Juni, erstmals in diesem Jahr, da ist es mit dem 17. Juni sogar ein Tag mit historischer Bedeutung. Das ist nicht nur ein Datum, das daran erinnert, dass Menschen in der DDR einen Aufstand gegen die autoritären Machthaber versucht haben, der blutig niedergeschlagen wurde, sondern der 17. Juni ist gerne auch mal ein Tag am Wochenende.

Da hat man Zeit, sich mit Freunden zu treffen, gemeinsam draußen zu essen, zu trinken und zu feiern und sich gegenseitig gut zu finden! Von 17 Uhr an werden an diesem Tag* überall im Land Tische und Stühle rausgestellt, es wird gekocht und eingeladen – von Privatleuten, von Unternehmen, von Unis, Schulen, Behörden, Vereinen, Clubs und Kneipen. Einladen, gastfreundlich sein, offen und vertrauensvoll: Das ist es, was unsere offene Gesellschaft kennzeichnet!

Oder finden Sie, nur zum Beispiel, Nordkorea, Saudi-Arabien oder die Philippinen gerade besonders einladend? Nein? Dann lassen Sie uns alle gemeinsam dieses Fest der offenen Gesellschaft feiern: Ein ganzes Land lädt ein, überall gibt es kleine Tische und lange Tafeln, Bands, Theater, Gespräche, Debatten, Spaß. Einzelheiten finden Sie unter www.die-offene-gesellschaft.de, und dort sehen Sie auch, wer schon alles mitmacht: sehr, sehr viele! Und natürlich auch Sie, weil wir alle finden, dass es ganz und gar nicht egal ist, ob es Sie gibt!

---

* Der Tag der offenen Gesellschaft findet seither jährlich an einem Samstag Mitte Juni statt.

34

Bitteres Abendessen
… über Digitalbildung

Menschliche Dummheit wird auf einer nach oben offenen Skala gemessen – wie die Richterskala, die die Stärke von Erdbeben markiert. Tatsächlich hat die Geschichte der Menschheit gezeigt, dass es immer noch dümmer geht, vor allem wenn man denkt, jetzt ist der Gipfel erreicht. Und sie hat auch gezeigt, dass Dummheit positiv mit dem Bildungsstand korreliert: Der größte Unfug ist von Menschen (hauptsächlich männlichen Geschlechts) mit der größten Bildung veranstaltet worden. Weder Atomkraftwerke noch Stadtgeländewagen sind von sogenannten Bildungsversagern entwickelt worden, und wie man hört, sind für den Berliner Flughafen oder für Stuttgart 21 Menschen verantwortlich, die über Abitur und sogar Hochschulabschlüsse verfügen und nicht schon in der Hauptschule gescheitert sind. Interessanterweise hatten übrigens beide Projekte, zu unterschiedlichen Zeiten, denselben Chef, einen, der nicht in einem einzigen der Jobs, die er zuvor hatte, erfolgreich war. Schon anhand der Berufung einer solchen Person in höchste Ämter zeigt sich das gestaltende Prinzip der Dummheit: Es erzeugt immer noch mehr Dummheit. Deshalb ist die Skala auch nach oben offen.

Hier nun ein Beispiel, das für mich eine neue vorläufige Bestmarke auf der Dummheitsskala markiert. Es erschüttert mich nachhaltig, weil das zugehörige Erlebnis gerade gestern – an einem schönen Tag im Mai – geschehen ist und in meiner Seele noch nachvibriert. Ich war zu einem Dinner in der Hauptstadt eingeladen, auf dem es um »digitale Bildung« gehen sollte. Das kann man für einen Widerspruch in sich halten, weil Bildung ja etwas anderes ist als die Abfolge von Nullen und Einsen, aber von den 28 geladenen Gästen war allerhöchstens einer dieser Auffassung, nämlich ich. Alle anderen waren entweder Lobbyisten der Internetwirtschaft oder Ministeriale und Abgeordnete. Genau! Es handelte sich um eine Lobbyveranstaltung, zu der ich offenbar versehentlich eingeladen worden war. Es gab schlechte Vorträge mit teuren Folgen, denn die Anwesenden waren alle der Meinung, dass die Schulen sich jetzt aber wirklich mal ganz dringend und sehr schnell bewegen müssten, schließlich stünde man ja im internationalen Wettbewerb, und die armen blöden vernachlässigten deutschen Schülerinnen und Schüler müssten so früh und umfassend wie möglich digital alphabetisiert werden.

Diesem innovationsfreundlichen Wunsch stünden freilich gleich vier Personengruppen im Wege: die Schüler, die Lehrer, die Eltern und die Rektoren. Immer wenn man so richtig rein wolle in die Lehrpläne und Schulausstattungen, wehrten diese gestrigen Menschen sich mit Händen und Füßen. Dabei sei doch glasklar, dass man mit Goethe oder Geschichtswissenschaft auf den internationalen Märkten echt keinen Stich mehr machen könne, dass die Schulen total unfähige Humanprodukte hervorbrächten und die Welt sich in allen Belangen so schnell ändere wie noch nie! Weshalb die Kids vor allem Informatik lernen müssten, und zwar in allen Fächern! Die Zukunft sei ja nun unausweichlich digital, das sage sogar die Kanzlerin!

Mein unsachlicher Einwand, dass es ein Widerspruch sei, zugleich zu sagen, dass sich alles ganz schnell ändere, die Zukunft aber auf jeden Fall digital sei, wurde mit ebenso viel Verachtung registriert wie meine nicht weniger unpassende Beobachtung, dass es ein ungelöstes Rätsel der Menschheitsgeschichte sei, wieso einerseits die Schule so schlecht sei, andererseits aber doch so kluge, gebildete und eloquente Menschen hervorbringe wie die, die hier gerade am Tisch säßen.

Ganz doof. Keine Ahnung, der Mann. Innovationsfeind, typisch. Unausgesprochene allgemeine Frage: »Wer hat den denn eingeladen?« Unausgesprochener Wunsch: »Kann den jetzt mal bitte einer rausschmeißen?« Na ja, ich bin dann gegangen, damit die Herren in Ruhe weitermachen konnten, die Abgeordneten zu massieren.

An diesem Abend habe ich gelernt: erstens, was sich konkret hinter dem Begriff »Lobbyismus« verbirgt, und zweitens, warum es so Dinge wie Atomkraftwerke, Stadtgeländewagen und Berliner Flughäfen gibt. Weil in der Hauptstadt die grausamste und schrecklichste Erscheinungsform der Dummheit zu Hause ist: jene, die wirtschaftliche Macht hat. Dabei ist natürlich niemandem (auch nicht den Ministerialen aus den Ressorts Bildung und Forschung) aufgefallen, dass die Einzigen, die Ahnung vom Thema haben, nicht da waren: die Schüler, die Lehrer, die Eltern, die Rektoren.

Seien wir großzügig. Nehmen wir die Eltern raus. Unter denen wären noch am ehesten natürliche Verbündete der im Managersprech schwadronierenden Hohlbroschen am Tisch zu finden, die im Übrigen alle betonten, selbst Kinder im schulpflichtigen Alter zu haben (die armen Kinder!). Aber: Woher kommt eigentlich die Dreistigkeit, ohne auch nur das mindeste Wissen über Psychologie, Entwicklungsbiologie, Pädagogik und Lernen die Schule reformieren zu wollen?

Und woher eigentlich die Bereitschaft der anwesenden Politiker, sich von diesen Leuten zutexten zu lassen? Und schließlich: Warum sagt eigentlich niemand, dass man endlich mal die armen Schulen und ihre Insassen in Ruhe lassen soll, sind die doch seit vielen Jahren das chronische Opfer von depperten Innovationsbemühungen von komplett inkompetenter Seite?

Das eigentliche Wunder bei alldem ist übrigens, dass trotz aller Zerstörungsversuche von Bildung am Ende immer noch ganz viele wunderbare und oft auch sehr kluge Menschen aus den Schulen herauskommen.

Die, die an diesem Abend da waren, bildeten allerdings die Ausnahme von dieser beruhigenden Regel. Uff.

35

Blasen platzen lassen

… über gewohnte Wahrheiten

Filterblase. Echokammer. Das sind so Begriffe, die seit dem vergangenen Jahr in Umlauf sind. Sie stehen für das Phänomen,
dass Sie in Zeiten des Internets von den Algorithmen der Such-
maschinen nur genau jene Informationen angeboten bekommen, von denen die Algorithmen wissen, dass Sie sie besonders gern haben. Wenn Sie also – was ich mir kaum vorstellen
kann – Fan des Hamburger Sportvereins sind, bekommen Sie
bevorzugt die neuesten Nachrichten dazu und nicht zu Borus-
sia Dortmund. Nur beispielsweise jetzt.

Das gilt aber leider auch für etwas wichtigere Angelegenhei-
ten wie die Politik. Wegen dieses eingeschränkten Informati-
onsflusses sind gerade Verschwörungstheorien groß in Mode:
Unlängst hörte ich einen Herrn im Zug seinen Mitreisenden
darüber aufklären, dass Donald Trump nur eine Marionette sei,
die man vorübergehend installiert habe, bis Putin die Macht in
den USA übernehme. Die Menge an komplettem Unfug über-
steigt spielend jedes Maß, das wir aus den seligen Zeiten kannten, als es das Internet noch nicht gab.

Okay. Natürlich sitzen immer nur die anderen in der Filterblase. Sie lesen ja meine Kolumne und dokumentieren schon

damit zweifelsfrei, dass Sie auch widersprüchliche Informationen zur Kenntnis nehmen. Und ich selbst, ich bin so vielseitig informiert und interessiert und aufnahmebereit, dass ich meist schon wieder verwirrt bin.

Aber das ist natürlich gar nicht so! Auch wir sitzen in Echokammern, und das sogar aus guten Gründen: Menschen suchen als Wesen, die sich selbst in der Welt orientieren müssen, immer Informationen, die bestätigen, was sie schon gedacht oder geahnt oder befürchtet haben. Und wenn etwas Unerwartetes geschieht, stellen diese Menschen ganz fasziniert über sich selbst fest, dass sie ja eigentlich schon immer gewusst hätten, dass genau dies passieren würde, unausweichlich.

Beides ist ganz prima für das eigene Selbstbild und schützt wirkungsvoll gegen zu viel Irritation. Wenn ich feststelle, dass Menschen aber auch nicht im Geringsten Dinge glauben, von denen ich felsenfest überzeugt bin, bin ich jedes Mal wieder verblüfft. So saß ich unlängst auf einer Bühne, um mich mit dem Vorstandsvorsitzenden eines deutschen Großunternehmens über das Thema Gemeinwohl zu unterhalten. Ich war nicht schlecht erstaunt, dass dieser Kollege außer vom Klimawandel tatsächlich noch niemals davon gehört hatte, dass wir eine unfassbare Fülle ökologischer Probleme haben. Außerdem: Das mit dem Klimawandel sei ja nicht so schlimm, man hätte ja bald Klimaneutralität, durch Elektroautos und erneuerbare Energie. Es sei überhaupt eine schöne Welt, und er verstehe Leute wie mich mit ihren Untergangsphantasien überhaupt nicht. Es komme doch nur darauf an, optimistisch in die Zukunft zu blicken und dafür zu sorgen, dass ordentlich Wachstum und Arbeitsplätze … Im Übrigen sei genau dies der Beitrag seines Unternehmens zum Gemeinwohl.

Wow, dachte ich. Wer sitzt jetzt in der Filterblase? Der oder ich?

Wahrscheinlich beide. Natürlich lieferte der gute Mann alle Textbausteine ab, von denen er durch tausendfache Bestätigung wusste, dass sie bei den Menschen, mit denen er normalerweise spricht, immer gut rüberkommen. Und genauso lieferte ich alle Textbausteine ab, von denen ich durch tausendfache Bestätigung weiß, dass sie bei den Menschen, mit denen ich normalerweise spreche, immer gut rüberkommen.

Leider sind es nicht dieselben Leute, zu denen wir normalerweise sprechen, weshalb unsere Textbausteine nicht zueinanderpassten, so dass es ein total unerfreuliches Gespräch wurde.

Die Moral von der Geschichte? Filterblase und Echokammer sind erstens nichts Neues, sondern gehen und gingen schon immer, auch ohne Internet. Sie sind vor allem deshalb wirksam, weil es sich so angenehm lebt, wenn man vom eigenen Horizont Abweichendes nicht zur Kenntnis nimmt. Das ist aber gerade dann ziemlich blöd, wenn wir uns – wie jetzt zu Beginn des 21. Jahrhunderts – in einer Situation befinden, in der sich ökologisch und geopolitisch und im Arbeitsmarkt und in der politischen Landschaft und kommunikativ so viel verändert, dass tatsächlich in keiner einzigen Echokammer gewusst wird, wie es langfristig weitergehen soll.

Das kann doch nur bedeuten, dass wir ganz neue Bündnisse und Kollaborationen eingehen müssen, um zu sehen, wie wir alle zusammen einen Pfadwechsel hinkriegen. Analog. Nicht nur jeder für sich in seiner Kammer; da geht ja nichts.

Also raus! Muss das Angst machen? Stehen wir nicht in gewisser Weise vor derselben spannenden Situation, wie – sagen wir – Kontinententdecker, Polarforscher, Abenteurer vor 500 oder 200 oder 100 Jahren? Klar, geographisch gibt es auf unserem Planeten keine neue Welt mehr zu entdecken, das ist alles abgegrast und oft schon unter die Räder des alten Fortschritts gekommen.

Aber können wir uns nicht aufmachen und die unentdeckten Möglichkeiten dort entdecken, wo wir schon sind? Kann es nicht ebenso spannend und riskant sein, eine Stadt, eine Wirtschaft, eine Kultur umzubauen wie einen Kontinent zu entdecken?

Etwas Besseres als den Tod finden wir überall, sagten die Bremer Stadtmusikanten, die auch große Entdecker waren, weil sie den Mut hatten, aus ihrer Echokammer herauszuhören und sich aufzumachen. Es handelte sich, nur zur Erinnerung, um einen Esel, einen Hund, eine Katze und einen Hahn, die jeder für sich keine Zukunft mehr hatten. Zusammen aber schon, wie sich zeigte.

Der freie Raum liegt nämlich zwischen den Echokammern. Da tut sich plötzlich etwas auf, wo man beginnen kann, gemeinsam etwas zu bewegen. Wir müssen also reden.

Und aufhören zu texten.

36
Nieten mit Schlips
… über Entscheider

Haben Sie sich mal gefragt, was »Entscheider« sind? Die tauchen immer mal in so Konferenzankündigungen auf, zum Beispiel wenn es um die »digitale Zukunft« oder die »Zukunft der Mobilität« oder so geht. In Berlin gibt es mit dem »Tagesspiegel« sogar eine ganze Tageszeitung, die nach eigenen Angaben speziell für »Polit-Entscheider« gemacht wird – also muss es die auch geben, offenbar in großer Zahl, sonst würde sich eine Zeitung für die ja gar nicht lohnen.

Klar ist also schon mal: Männer. Und Zukunft. Oder so ähnlich. Im Alltagsleben treten die Entscheider hauptsächlich in Zügen, Flugzeugen und zu bedeutenden Anlässen in Erscheinung. Sie sehen alle so ähnlich aus wie – na ja, wie jemand, der gern so ähnlich aussehen würde wie Michael Douglas, als er noch jünger war: dynamisch, geschmackvoll, zupackend, Schlips. Und sie sind natürlich dauernd auf der Suche nach irgendwas, das der Entscheidung bedarf – deshalb bestellen sie ohne Zögern ihr Craft Beer, buchen dynamisch den Termin bei ihrem Personal Trainer und tindern auch ganz entschieden.

Entscheider, denkt man also, entscheiden ohne Unterlass,

aber was nur? Man würde doch denken, dass die Welt viel weniger Zumutungen bereithalten würde, wenn überall Entscheider herumlaufen, denn die, so stelle ich mir jedenfalls vor, entscheiden ja die großen Fragen.

Tatsächlich aber lassen die sich eine ganze Menge gefallen. Ich fliege ja nicht so oft wie die Entscheider, aber neulich am Flughafen Stuttgart, wo sie anscheinend nur noch diese Körperscanner haben, ließen sich alle vorhandenen Entscheider genauso ganzkörperscannen wie Emma Krawuttke auf dem Weg nach Mallorca. Kein Widerspruch, keine Frage. Da war ich schon überrascht, denn für die Körperscanner gibt es gar keine Rechtsgrundlage. Das schien die Entscheider aber nicht weiter zu stören. Sakko aus, Hände hoch, durch. Okay, ist ja wegen der Sicherheit. Denkt sich der Entscheider.

Aber jetzt ein Beispiel aus dem Unternehmen, das eigens eine Abteilung unterhält, in der Zumutungen für Kunden ausgedacht werden. Sie wissen schon, die Bahn. Die haben jetzt am Eingang ihrer Lounges, die vorwiegend – jedenfalls in der ersten Klasse – von Entscheidern frequentiert werden, Lesegeräte stehen, durch die man seine Bahncard ziehen soll. Ich persönlich finde das eine Frechheit und erkläre dem dabeisitzenden Personal, dass mein Beförderungsvertrag mit der Bahn keine freiwillige Zustimmung zur Totalüberwachung vorsieht, weshalb ich dann einfach durchgehe, so dass jedes Mal immer noch mal jemand hinterherkommt und mir sagt, dass ich das jetzt nicht dürfe. (Wahrscheinlich werde ich irgendwann wie dieser United-Passagier zusammengeschlagen und aus der Lounge getragen.) Nicht so die Entscheider: Die ziehen alle brav ihre Cards durch den Scanner und entscheiden drinnen bei einem Weizenbier wieder Dinge.

Ach ja, und dann lese ich noch beim Frühstück einen Artikel zur offensichtlich chronisch anwachsenden Gefahr durch Drohnen: Sie werden inzwischen intensiv zur Industriespionage eingesetzt, fotografieren von außen, wenn drinnen Verträge unterzeichnet werden, filmen Prototypen und Neuentwicklungen. Bis Ende dieses Jahres soll es allein in Deutschland 600 000 Drohnen geben, die Privatsphären verletzen, in Flugschneisen auftauchen, Drogen und Waffen transportieren, gern auch in Gefängnisse. Folgerichtig hat sich eine neue Industrie etabliert, die vor Drohnen schützt. Da gibt es etwa die Firma Freihoff, die, wie ich der »Welt am Sonntag« entnehme, »zwei VIPs auf Mallorca vor neugierigen Drohnen« schützt. Wollen Sie wissen, wie? Wenn sich eine Drohne dem Grundstück nähert, spielt die Lautsprecheranlage einen bestimmten Song (vielleicht »Get Off of My Cloud« von den Stones?), und die Entscheider können sich nach drinnen verziehen, damit die Drohne freie Sicht hat. Ich hätte gedacht: So ein Entscheider, der holt seine Wumme raus und schießt das Teil kurzerhand vom azurblauen Himmel.

So hätte es Michael Douglas gemacht. So wie in »Falling Down«, wo er als ein ganz normaler Entscheider-Typ an einem ganz normalen Irrsinnstag in Los Angeles von allen und allem genervt wird: dem Bauarbeiter, der ihm völlig sinnlos den Bürgersteig versperrt, der Fast-Food-Verkäuferin, die ihm um kurz nach halb mitteilt, Frühstück gäbe es leider nur bis halb, und dem endlosen Stau. Irgendwann greift er zum Baseballschläger und zur Handfeuerwaffe und dreht durch.

Das ist natürlich auch keine Alternative. Aber immerhin merkt »Falling Down«-Douglas noch, dass einiges verdammt schiefläuft in dieser Welt der unbegrenzten Zumutungen. Denn wer wehrt sich denn noch gegen diese ständigen Angriffe auf den Verstand, die Übergriffe auf die Privatheit, gegen dieses immer weitere Eindringen in den eigenen Lebensraum?

Müsste nicht genau dort, wo man in aller Selbstverständlichkeit immer weiter eingezingelt wird von Überwachung, Kontrolle und Freiheitsberaubung, genau der coole Michael-Douglas-als-er-noch-jünger-war auftreten und jedes Mal total entschieden sagen: Versucht das, mit wem ihr wollt – aber nicht mit mir! Wenn nun heute aber der Sozialtypus »Entscheider« mit den Schlipstypen total fehlbesetzt ist, auf wen kann man sich denn dann verlassen, wenn es um irgendetwas geht? Gute Frage.

Ich würde sagen: auf diejenigen, die selbst denken und sich nicht immer alles nur deshalb gefallen lassen, weil sich alle anderen alles gefallen lassen. Hier eine zufällige Sammlung: Die Nürnberger Berufsschüler, die gegen die Abschiebung ihres Mitschülers Asef N. nach Afghanistan protestierten. Der Busfahrer, der einen zwischen den Haltestellen aussteigen lässt. Die Passantin, die sich um einen hilflosen Mann auf dem Gehsteig kümmert. Der Fahrgast in der S-Bahn, der alle Umsitzenden auffordert, mit ihm nach vorn zu gehen, als dort ein Schüler von Schlägern attackiert wird, und so die Angreifer in die Flucht schlägt.

Das sind Entscheider: Sie alle entscheiden sich, dass nicht immer alles so sein muss, wie es ist, sondern anders sein kann.

37

Hallo?!

… über gutgemeinte Bücher

Als nette Geste vom Autor oder vom Verlag bekomme ich sehr viele Bücher zugeschickt mit der Bitte, den Titel bekannt zu machen oder zu rezensieren – oder auch einfach zur Information über irgendwelche Sachverhalte. Ich schaue sie mir immer an, manche lese ich, andere blättere ich nur durch. Fast alle gebe ich weiter, denn Bücher sind Wanderpokale, und super finde ich diese Bookcrossing-Regale, die man seit einigen Jahren fast überall findet und in die man Bücher stellen kann, die man selbst nicht mehr braucht. Also: Das ist alles ganz prima, und ich bin sehr dankbar dafür.

Eine Sorte Bücher macht mir aber zunehmend zu schaffen. Und das sind die, die uns über den schlechten Zustand der Welt aufklären. Es ist zwar meistens sehr wertvoll und informativ, was man da zu lesen bekommt über den Status der Meere, der Böden, des Klimas, der Arten, der Gletscher, der Armut, des Hungers und so weiter, aber irgendwie kommen sie rüber wie die sieben Plagen der Menschheit und die apokalyptischen Reiter zugleich. Und unerklärlicherweise wird nie gesagt, wer all diese Plagen auf die Welt losgelassen hat.

Ich nehme nur ein Beispiel: Vor mir liegt ein wirklich hervorragendes Buch. Es heißt: »Das Ozeanbuch«. Untertitel: »Über die Bedrohung der Meere«. Gemacht hat es Esther Gonstalla, eine ganz großartige Buchgestalterin, und tatsächlich ist das großformatige Ozeanbuch voll von sehr schönen Infographiken, zum Beispiel zu den Wirkungen des Klimawandels, zur Überfischung, zum Rückgang der Biodiversität oder zum Mikroplastik.

Alles ganz prima, allerdings schwer deprimierend: Nicht bei einem einzigen dieser Themen gibt es eine gute Nachricht. Nirgends. Die Fischfangintensität wächst so wie die Plastikmengen, die Fischbestände schwinden wie der Sauerstoff, die Windräder und die Frachtschiffe werden immer größer und immer mehr, die Delphine und die Haie immer weniger.

Kurz: Die Ozeane sind am Ende. Das muss man nüchtern so sehen, zumal die einzelnen Faktoren der Zerstörung dynamisch weiterwirken: jedes Jahr mehr Schiffe, mehr Plastik, mehr Ölbohrungen, mehr Fischfang. Und das zeigen sie alle – dieses und alle anderen Bücher zum Zustand der Erde. Aber nirgendwo steht: Die Ozeane sind am Ende.

Nein, überall steht so etwas wie hier in zwei Vorworten: »Wir müssen uns mit den planetaren und ozeanischen Grenzen auseinandersetzen und diese bei der Entwicklung der Menschheit im Blick haben.« (Prof. Martin Visbeck). Ah ja. Und: »Dieses Buch ist ein unverzichtbarer und dringender Appell an Gesellschaft, Politik und Wirtschaft, sofort in allen Lebensbereichen umzusteuern – ohne dabei unseren Wohlstand verlieren zu müssen.« (Frank Schweikert, Vorstand der Deutschen Meeresstiftung). Noch mal: Ah ja. So so.

Liebe Kollegen: Warum sagt ihr nicht, dass man nicht zugleich die Meere retten und unseren Wohlstand beibehalten kann? Die schlichte Wahrheit ist doch: Diese ganze Zerstörung, die hier Seite für Seite eindrucksvoll dokumentiert wird, hat keinen, nicht einen einzigen anderen Grund als eben den: unseren Wohlstand! Der darauf basiert, dass alles vernutzt wird, was zu Geld gemacht werden kann, und zwar so, dass der Fisch, der Gütertransport, die Verpackungen, der Treibstoff, die Arbeitskraft so wenig kosten, wie es nur irgend geht, und am besten immer noch weniger. Und das, obwohl sich die Kaufkraft in der Wohlstandswelt in den letzten Jahrzehnten vervielfacht hat, alles also eh schon viel billiger ist als früher! Und trotzdem wird um jeden Preis, für jedes miese Preisvergleichsportal, für jeden knauserig eingesparten Cent fürs T-Shirt, das Smartphone, die Garnele gespart und gespart – also immer mehr ruiniert, vernichtet, zuschanden gemacht. Was man anschließend eindrucksvoll dokumentieren kann.

Fake News ist das Modewort des vergangenen Jahres. Leute: Es ist Fake News, dass Wohlstandssteigerung und Nachhaltigkeit zugleich zu haben sind. Es ist Fake News, dass sich irgendjemand außerhalb der Wissenschaft mit den »planetaren und ozeanischen Grenzen« auseinandersetzt. Es ist Fake News, wenn der ganz direkte und höchst konkrete Zusammenhang zwischen dem Konsum des Buchlesers und dem, was er da liest, verschwiegen wird. Kurz: Es ist Fake News, dass all diese gut gemachten und gutgemeinten Bücher auch nur das Geringste ändern werden. Denn: Der Wohlstand hat Priorität, alles andere ist alles andere.

Dennis Meadows, der Hauptautor der vor 45 Jahren erschienenen »Grenzen des Wachstums« hat zwei Updates der ursprünglichen Studie gemacht, jeweils im Abstand von zehn Jahren, dann hat er es gelassen. Jedes Mal wurden die Daten dramatischer, die Befunde deprimierender, was auch gar nicht anders sein konnte: Jedes Mal war die Weltwirtschaft zwischenzeitlich erheblich gewachsen.

Meadows hat dann Spiele zum Wirtschaften entwickelt, mit denen man etwas über die Wirkungen eigener Handlungen lernen konnte, das Spiel »Fishbanks« etwa. So etwas, sagt er, kann er noch sinnvoll finden. Das Appellieren nicht mehr. Denn all die Daten haben keinen Wert, wenn sie die Ursache und Wirkung nicht beim Namen nennen – so, als gäbe es nur Taten, aber keine Täter.

Aufklärung wird zur Gegenaufklärung, wenn sie zur Routine wird. In Alfred Hitchcocks legendärem Film »Die Vögel« gibt es einen Betrunkenen, der bei jeder Steigerung des katastrophalen Geschehens sein Glas hebt und fröhlich ruft »Das ist das Ende der We-helt!« Recht hat er. Solange genug Stoff da ist, kann er ja munter weitermachen.

38

Wo sind wir eigentlich?

… über das Ende der Vielfalt

Die wichtigste politische Demonstration in diesem Land fand am 27. Mai 2017 statt, aber das hat wieder keiner gemerkt. Ort des Geschehens war das Berliner Olympiastadion. In der Halbzeitpause des Pokalfinales haben 75 000 Menschen Helene Fischer ausgepfiffen. Das ging weniger gegen Helene Fischer und ihre recht bemüht tanzenden Go-go-Boys als dagegen, dass hier erneut ein paar Minuten der Sinnfreiheit gegen einen Werbeblock getauscht wurden. In der Fernsehübertragung wurde das Pfeifkonzert technisch unterdrückt, und offenbar fand es im gebührenfinanzierten öffentlich-rechtlichen Fernsehen niemand übergriffig, dass die »Tagesthemen« wegen dieses penetranten Werbeblocks nochmals verkürzt wurden. Das gehobene Feuilleton fand ebenfalls nichts dabei.

Wo wir gerade beim Fußball sind: Haben Sie sich, falls Sie wie ich regelmäßig die »Sportschau« sehen, auch schon gefragt, was dieser »Videobeweis« soll, der neuerdings in der Bundesliga dauernd zu Spielunterbrechungen führt, weil die Entscheidung des Schiris durch die »objektive« Sicht der Videokamera geprüft und gegebenenfalls korrigiert wird? Zur Qualität des Spiels trägt solche »Objektivierung« sicher nichts bei, denn erstens bleibt das meiste nach wie vor Auslegungssache, und zweitens will man sich ja über Schiedsrichterentscheidungen aufregen – wozu sonst schaut man Fußball?

Aber das eigentliche Geheimnis hinter der neuen Regel: Mit ihr öffnet sich doch ganz beiläufig ein Fenster für Werbeeinblendungen mitten im Spiel, und eben nicht mehr nur in der läppischen Viertelstunde zwischen den beiden Halbzeiten. Das werden wir bald sehen, wollen wir wetten?

Und nun zum Eigentlichen: Dauernd höre ich, dass die Welt immer komplexer wird. Weshalb auch die Verhältnisse komplexer werden, und damit natürlich auch die Politik. Und es sei so wahnsinnig schwer, durch all das noch durchzusteigen. Noch schwerer, an all dem etwas zu ändern. Haben Sie auch schon gehört? Glauben Sie es nicht, es ist kompletter Unsinn. Die Welt wird nämlich immer einfacher.

Das ist leider keine gute Nachricht, denn sie wird einfacher, weil ihre Vielfalt verschwindet. Nehmen wir den Alexanderplatz in Berlin. Wo einst Weltliteratur spielte, findet sich heute eine Shopping Mall namens »Alexa«, die aussieht, als hätten ein russischer Oligarch und ein chinesischer Milliardär sie zusammen im Vollrausch entworfen. Und genauso, mit McDonald's, Starbucks oder Zara, sieht es inzwischen in jeder Innenstadt auf der ganzen Welt aus. Dazu gibt es die gleichen Hotels mit ihren gleich aussehenden Zimmern und die gleichen Systemrestaurants mit ihren gleich schmeckenden Gerichten.

Autos, Kleidung, Fußballteams, Fernsehserien, Kinofilme und Kreuzfahrtschiffe – alles wird heute auf einen globalen Markt hin entworfen, und zwar so, dass die größtmögliche geschmackliche Übereinstimmung das Ergebnis bestimmt. Das heißt: Die Differenzen, zum Beispiel durch unterschiedliche

Traditionen und Werte, verschwinden, und an ihre Stelle tritt die normierte Einheitlichkeit. Und diese normierte Einheitlichkeit richtet sich an ausschließlich einem Wert aus: Konsum. Denn all das, die Autos, die Kleidung, die Fußballspiele, die Kreuzfahrten, die Fernsehserien und Filme sollen ja konsumiert werden, und zwar immer mehr und immer schneller.

Wie schön, dass global die Mittelklassen wachsen! Und natürlich: Damit all diese neuen und alten Verbraucher auch wissen, wofür sie das nächste Bedürfnis verspüren, gibt es all die ausufernde Werbung und das Ausnutzen jeder freien Sekunde und jeder freien Fläche, um irgendetwas anzupreisen, dass alle haben wollen sollen.

Wenn aber alles und jedes nur noch auf seine Tauglichkeit als Trägermasse betrachtet wird für das, was man vermarkten will, ist das gewiss keine Steigerung von Komplexität.

Manche der Älteren werden sich erinnern: Früher, und das ist nicht lange her, sah es in Rio anders aus als in Tokio und in Berlin, es gab anderswo Dinge, die man nur dort fand und die man nach Hause mitbrachte. Heute reicht ein Klick bei Amazon, und man hat schon am nächsten Tag alles, was die Welt zu bieten hat. Das ist nicht komplex, das ist globale Einfalt. Die wunderbare Vielfalt dessen, was es nicht überall gab oder was man nicht kaufen konnte, das Wünschen nach Dingen und Orten, die nicht verfügbar und nicht käuflich waren, die Differenz zwischen Menschen und ihren Kulturen, ihren Geschichten und Traditionen, ihrer Einzigartigkeit und Differenz wird unter dem globalen Rasenmäher des Wettbewerbs und Konsums auf gleiche Länge und gleiches Aussehen geschnitten – eine wunsch-, sehnsuchts- und unterschiedslose Welt.

Diese Welt ist eine Sozialform von niedriger Organisation, die Welt davor mit fremden Kulturen, Baustilen, Produkten wies eine höhere Organisationsstufe auf. So ist das mit der Komplexität, am Ende besteht sie aus nicht mehr als 80 Sorten Zahnpasta.

Das mit dem Organisationsgrad stammt nicht von mir, sondern vom großen Ethnologen Claude Lévi-Strauss. Der hat in seinem sehr langen Leben sehr viele Länder und Völker und Unterschiede gesehen, viel mehr, als man künftig noch sehen können wird. Weil alle Unterschiede verschwunden sind.

Und die gleichgemachte und damit gleichgültige Welt spiegelt sich auch im monokulturellen Ich, das ja nur noch insofern zählt, als dass man ihm etwas andrehen kann, in der Shopping Mall oder beim Sportschau-Gucken. Also lassen Sie sich nichts erzählen. Komplexität: Das soll nur heißen, dass man nichts ändern kann. Wenn Sie sich weigern, das zu glauben, sind Sie eine bedrohte Spezies.

Bestehen Sie darauf, vor all dem geschützt zu werden.

39

In fünf Tagen um die Erde

… über Reisen und Konsum

Um einen Einblick in das Sosein der Welt zu erhalten, lese ich
regelmäßig die »Bild-Zeitung«. Sehr interessant. Einerseits,
weil man so einen Eindruck bekommt, wofür sich die Mehrheit
der Menschen interessiert, andererseits, weil man etwas über
Lebensstile lernt. Besonders lange nachgedacht habe ich neulich über einen ganzseitigen Artikel mit der Überschrift »Meine
total verrückte Reise um die Welt in 124 Stunden«. Merke:
Wenn irgendwas als »total verrückt« annonciert wird, geht es
immer um Exzesse der Normalität, also etwa »Total verrückt:
24 Staus in 24 Stunden« oder »Total verrückt: drei Tage Shopping in Paris«.

Worum ging es hier? »Vier Kontinente, acht Städte, 40 220
Flugkilometer – und das in nur fünf Tagen: Bild-Reporter
Michael Quandt (48) flog für 1827 Euro und ausschließlich mit
Billigfliegern um die Welt.« Der Reisebericht listet die Orte, die
Temperaturen, die Stockwerke: »Singapur. Erster Stopp: Gar-
dens by the bay, Beine vertreten. Dann zum coolen Infinity-Pool
in der 57. Etage des Marina Bay Sands, grandiose Aussicht.«
Worauf Aussicht besteht, erfährt man natürlich nicht, denn das
ist egal. Genauso wie beim »Blitz-Sightseeing« in Baltimore

oder bei der »Jeep-Tour durch die Wüste, die ich mit einem Ritt auf einem Dromedar beende« oder »in 452 Meter Höhe den Blick über die Stadt, auf der 124. Etage des Burj Khalifa«. Toll. Natürlich gibt es Fotos dazu, Herr Quandt auf dem Rooftop, Herr Quandt auf dem Dromedar. Und ein Ranking der Billigflieger unter Berücksichtigung des Sitzabstands (Air Asia hat nur 73 Zentimeter, falls es jemanden interessiert).

Warum erzähle ich Ihnen das? Ganz einfach: Weil hier ganzseitig und in Farbe propagiert wird, was das Leben zu bieten hat und wie man das nutzen soll. Denn diese »total verrückte Reise« wird nicht als besondere Form von Verhaltensstörung präsentiert, sondern als etwas ganz Tolles, zur Nachahmung sehr empfohlen, kostet ja auch nicht viel. Außer man addiert zu den 1827 Euro alle Umweltschäden, die Herr Quandt mit seinen Billigflügen und Jeep-Touren angerichtet hat.

Aber ich will gar nicht miesepetrig klingen: Doof sein darf ja jeder in einem freien Land. Mir geht es um etwas anderes: darum, dass es im Lager der Ökos und Klimaschützer vergleichbare Geschichten über Leben, wie es sein soll, nicht gibt, schon gar nicht massenmedial. Solche Geschichten gibt es nur über die neuesten Schreie des Massenkonsums. Für die Ökos gibt es Magazine wie »National Geographic«, die Wissenschaftsseiten oder, wenn es hoch kommt, eine Reportage über ein Bioenergiedorf mit leicht verschratet erscheinenden Bewohnern.

Auf den Wissenschaftsseiten erfährt man zum Beispiel, wie extrem klimaschädlich der Boom der Kreuzfahrten ist, und wenn man dann in den Reiseteil weiterblättert, erfährt man, wie toll Kreuzfahrten sind. Der Unterschied: Der Artikel im Wissenschaftsteil nimmt eine Viertelseite ein, der Reiseteil acht Seiten.

Blättern Sie auch gern in den Sportteil, dort erfahren Sie

Heroisches über Sebastian Vettel und den Großen Preis von Malaysia. Oder in den Wirtschaftsteil: Da gibt es verlässlich irgendeinen Großmanager, der über die Segnungen des Wachstums und des Wettbewerbs Auskunft gibt.

So gelesen dementiert jede Tageszeitung, was auf ihrer Wissenschaftsseite zu lesen ist, und zwar egal, ob es um Ernährungsverhalten, digitale Kommunikation oder Umweltzerstörung geht: Was hier als Ursache von Problemen identifiziert wird, gilt auf den Wirtschafts-, Sport-, Freizeit-, Reiseseiten als das Höchste der Gefühle, als das, was man unbedingt machen muss, will man ein glücklicher Mensch in der besten aller denkbaren Welten sein. In der Welt nämlich, in der alles, aber auch alles zum Konsum bereitsteht.

Denn das ist die eigentliche Botschaft von Herrn Quandt: Kostet fast nix, ist aber die ganze Welt! Und der Bild-Leser wägt unwillkürlich ab: 1800 Steine – zwei Wochen Sankt-Peter Ording oder in fünf Tagen um die Welt? Oder in Quandts Rechnung: »Übermüdet, zwackender Rücken, dicke Füße, fehlendes Zeitgefühl. Aber das unfassbar tolle Gefühl, für so wenig Geld so viel von der Welt gesehen zu haben.«

Das Interessante an einer Zeitung ist oft, was nicht in ihr steht, wofür kein Platz vorgesehen ist. Also zum Beispiel für die Lebensverhältnisse in den Ländern, in die Herr Quandt einfällt und in denen Sebastian Vettel herumkurvt und der Wirtschaftsmagnat Geschäfte macht. Das wäre doch mal interessant: zu Herrn Quandts Bericht über den Sampeng-Nachtmarkt in Bangkok ein paar Bemerkungen zu den Wanderarbeiterinnen, zu Vettels Rennen ein Hinweis auf das örtliche Lohnniveau, zum routinierten Geschwätz des CEO die neuesten Zahlen zum Landraub. Erst so ergäbe sich ein realistisches Bild der Welt, denn die Wirklichkeit liegt im Raum zwischen den Widersprüchen. Massenmedial aber gibt es jeweils nur das halbe Bild: entweder Quandt oder Wanderarbeiter, entweder Formel 1 oder Elend, entweder Quartalszahlen oder Greenpeace.

So kommen wir nicht weiter. Denn so konkurriert der Lebensstil der unbegrenzten Verschwendung mit nichts, und die paar Öko-Storys, die separat gelesen werden, bilden keine Gegengeschichte zur großen Glückserzählung des allumfassenden Konsums. Wenn mal ins Auge springt, wie die Dinge zusammenhängen, verdankt es sich meist dem Zufall – wenn die SUV-Reklame neben dem Text zur Übernutzung von Ressourcen steht und sich gleichsam aus Versehen die Erkenntnis ergibt: Aber beides gehört doch zusammen! Genau. Und in diesem Zusammensehen steckt das Politische, das Drehbuch für eine neue Geschichte über uns selbst

40

Wald für die Welt

... über den Klimaschutz

O ja, die Weltklimakonferenzen. Wir haben sie gern. Sie kommen jedes Jahr, wie Ostern oder Weihnachten. Oder das neueste iPhone. Und immer, wenn Klima ist, gibt es all die Aufklärung im Fernsehen, im Netz und in den Zeitungen, genauso wie überall über das neueste iPhone berichtet wird. Der Sound ist natürlich ein anderer: So ein neues iPhone ist toll und der Klimawandel nicht. Und das iPhone soll man haben wollen, den Klimawandel aber lieber nicht. Und während das iPhone zuverlässig geliefert wird, versagt der Lieferdienst beim Klimawandel radikal: kommt nix.

Alles wie immer. Fast: Die Zahl der Delegierten wird jedes Jahr größer, und die Menge der Treibhausgase steigt auch von Jahr zu Jahr. Und wie das Finanzamt nichts vom märchenhaften Erfolg des iPhones hat, hat das Klima nichts von den Konferenzen. Jedenfalls erst mal nicht. Solange es keine verpflichtenden Reduktionsziele gibt, die die Staaten auch befolgen müssen, also nicht Ernst gemacht wird mit der CO_2-freien Weltwirtschaft, der CO_2-freien Mobilität und – wenn ich mir auch mal was wünschen darf – einem Rückbau des durchgedrehten Hyperkonsums, solange wird man zuschauen dürfen, wie die globale

Durchschnittstemperatur jedes Jahr steigt und wie die Starkregen, die Stürme, die Dürren zunehmen. Und die Menschen sterben. Oder flüchten.

Das Klima ist nicht mehr gefährdet, sondern schon sehr krank. Gerade das Jahr 2017 hat uns darüber so konkret belehrt, wie wir uns das nie gewünscht haben: »Irma« war der stärkste atlantische Hurrikan seit Beginn der Aufzeichnungen im Jahr 1898, »Ophelia« brach mit verheerender Gewalt über Irland herein, und »Xavier« verwüstete das Viertel, in dem wir wohnen, was ich persönlich nehme. Sogar die Klimaforscher gaben ihre Zurückhaltung auf und sprachen in den Medien zum Beispiel über die gestiegenen Temperaturen in den Ozeanen und die dadurch wachsende Wucht der Stürme.

Aber als würde das alles nicht geschehen, handeln die Lobbys die notwendigen Maßnahmen immer noch herunter, als ginge es nicht um Überlebensfragen, sondern um … ja, was eigentlich? Zum Beispiel darum, »dass wir die Innovationskraft der Automobilindustrie nicht durch zu eng gestrickte EU-Gesetzgebung ersticken«. Sagt Sigmar Gabriel, der sich als Umweltminister (wir erinnern uns) einst in rotem Parka vor schmelzendem Arktiseis ablichten ließ. Die Innovationskraft der Automobilindustrie besteht seit Jahren vor allem darin, die Autos größer, schwerer und hässlicher zu machen, aber davon abgesehen: Kann man nicht essen, die Innovationskraft, nicht atmen, schützt nicht vor Stürmen, auch nicht vor Dürre, Wassermangel, Krieg und politischen Desperados, die gerade ihre große Zeit haben.

Es ist Zeit für Realismus. Alle Maßnahmen, die im vergangenen Herbst in Bonn beschlossen wurden, könnten, selbst wenn sie umgesetzt würden, das Klima nicht schnell genug schützen. Sie greifen zu langsam und kommen zu spät. Es gibt, soweit ich sehe, gegenwärtig nur eine einzige global relevante Maßnahme, mit der man gewissermaßen Zeit kaufen kann: ein sofortiger Stopp des Abholzens der Regenwälder und ein globales Aufforstungsprogramm. Wälder nämlich absorbieren CO_2, und solange die notwendige Absenkung der Emissionen auf null nicht erfolgt, braucht es so viel Absorption wie möglich. Seit 2011 gibt es eine internationale Initiative, die sich dem Erhalt und dem Wiederaufbau von Wäldern in den Tropen und Subtropen widmet, die sogenannte »Bonn Challenge«. Und in diesem Rahmen haben viele Länder detaillierte Anstrengungen unternommen, Flächen für die Aufforstungen bereitzustellen. Insgesamt stehen sage und schreibe etwa 160 Millionen Hektar zur Verfügung, nur: Es fehlt noch das Geld. So ein globales Programm kostet nach Berechnungen von Klaus Wiegandts Nachhaltigkeitsstiftung »Forum für Verantwortung« und Forstwissenschaftlern der TU München zwar 150 bis 200 Milliarden Dollar jährlich, vernichtet aber dafür keine Arbeitsplätze, sondern schafft jede Menge neue. Im Übrigen sind die Kosten eines ungebremsten Klimawandels weitaus höher. Das Geld wäre also gut angelegt.

Also: Abholzung stoppen, geschädigte Wälder schützen und erneuern und überall wieder aufforsten. So ein Programm »Wälder für die Welt« wäre überdies endlich mal ein positives Ziel, denn so ein Wald hat ja wesentlich mehr Nutzen als CO_2 zu absorbieren. Er bietet Lebensraum, wirkt also auch noch gegen das Artensterben.

Im Unterschied zu irrsinnigen Daniel-Düsentrieb-Projekten wie künstliche Verschattungen der Sonneneinstrahlung oder der Düngung der Meere, damit sie mehr CO_2 aufnehmen können, sind Wälder in ihrer Wirkung ein paar Millionen Jahre lang gut erprobt, Kollateralschäden also nicht zu erwarten.

Das heißt aber nicht, dass sie nicht innovativ wären: Für die Bauwirtschaft, in der gerade eine Renaissance des Holzbaus beginnt, ist Holz eine regional nachwachsende Ressource. Man kann mit diesem Rohstoff so ziemlich alles machen: vom Hochhaus bis zum T-Shirt und zum Schiff. Aber was besonders schön ist: Man kann sie auch einfach nur stehen lassen, die Bäume, und ihnen danken, dass sie CO_2 absorbieren, solange es das noch gibt. Und das wird ja noch eine lange Weile der Fall sein.

Bis dahin aber kann ein solches Programm überall umgesetzt werden, und die verschiedensten Gruppen – von Schulen bis zu Seniorenheimen, Unternehmen und NGOs, reiche und arme Länder – können sich daran aktiv beteiligen. Und damit kommt erstmals Leben in die Expertokratie der Klimapolitik mit ihrer furchtbaren Fachsprache und ihren öden Diagrammen: Wälder für die Welt bedeutet nämlich, dass sichtbar und fühlbar etwas unter der Beteiligung von jeder und jedem passiert, was das Klima effektiv schützt und die Welt zugleich schöner macht. Also: Koniferen statt Konferenzen! Buchen statt Buchungen! Platanen statt Plattitüden! Es werde Wald! Und das Schönste: Das alles wäre auch gut, wenn es keinen Klimawandel gäbe.

41

Unrecht und Unrichtiges
… über das falsche Leben

Mein Sohn hat gerade einen Song geschrieben, zu dem ich den Refrain beisteuern durfte. Eigentlich hat aber der Sozialphilosoph Theodor W. Adorno den entscheidenden Teil geliefert, das berühmte Diktum nämlich: »Es gibt kein richtiges Leben im falschen.« Ein starker Satz, was sich ja schon daran zeigt, dass seit Jahrzehnten darüber gestritten wird, ob man so etwas überhaupt sagen kann. Oder nicht.

Denn: Ist ein Leben schon »unrichtig«, also irgendwie mangelhaft, wenn es in den falschen Verhältnissen gelebt wird? In einem verbrecherischen System beispielsweise? Oder kann nicht gerade unter den widrigsten Bedingungen »richtig« gelebt werden – also so, dass man sich für andere einsetzt, liebt, Widerstand leistet, etwas dafür tut, dass die Welt, wenn schon nicht »richtig«, dann doch durch den eigenen Einsatz »richtiger« wird? Jedenfalls kann man über diesen Satz lange nachdenken, und man kann ihn als Aufforderung verstehen, sich mit dem »unrichtigen Leben« nicht zufriedenzugeben.

Und dann kann man über Menschen nachdenken, die unter den unrichtigsten Bedingungen das Richtige getan haben, so wie Oskar Schindler oder Berthold Beitz oder ein paar tausend andere Menschen, die während der Nazizeit Juden gerettet haben, während Zigmillionen Deutsche es ganz richtig fanden, dass sie verfolgt wurden.

Natürlich fallen einem sofort welche ein, die sich entscheiden, einen anderen Weg als alle anderen zu gehen. So wie vor 50 Jahren der Gründer von »Terre des hommes« in Deutschland, Lutz Beisel, der es als 27-Jähriger unerträglich fand, dass kriegsverletzte Kinder in Vietnam nicht ärztlich versorgt werden konnten, und erfolgreich dafür kämpfte, dass sie mit der Bundeswehr nach Deutschland geflogen werden konnten. Oder der Schuhfabrikant Heini Staudinger, der nicht einsieht, dass man in Europa nicht sozial gerecht und nachhaltig produzieren kann, weshalb er genau das seit vielen Jahren sehr erfolgreich tut und gerade einen neuen Genossenschaftsverband gegründet hat.

Und dann sind da natürlich – auf einer anderen Ebene – Menschen wie Michail Gorbatschow, Vaclav Havel und Papst Franziskus, die als Einzelne ganze Länder und Welten verändert haben, das Leben also insgesamt sehr viel »richtiger« gemacht haben, als es das ohne sie gewesen wäre. Und doch drängt sich die andere, die dunkle Seite von Adornos Satz immer wieder in den Vordergrund. Denn es ist ja nicht so, dass es die meisten Menschen schlecht fänden, »unrichtig« zu leben, sondern, ganz im Gegenteil, das Falsche prima finden und im und vom »Unrichtigen« ganz prächtig profitieren.

Wenn es einen Wettbewerb um das »falscheste« Leben gäbe, würden sicherlich die Autohersteller, die Kreuzfahrtanbieter, die Shopping-Mall-Betreiber und viele andere antreten, und man hätte große Mühe zu entscheiden, wer die Welt am erfolgreichsten »unrichtiger« macht, als sie es ohnehin schon ist.

Interessant ist auch ein Besuch im Spielzeughandel: Sofort hat man eine Antwort auf die Frage, woher denn bloß der ganze Plastikmüll in den Ozeanen kommt. Na, von hier!

Es gibt ja nicht nur Ritterburgen, Space-Shuttles und allerlei Kleinwaffen aus Plastik, sondern, pädagogisch besonders wertvoll, kleine Plastikbohrmaschinen und Plastikgrills mit Plastikwürstchen und Plastikstaubsauger, natürlich mit den original Logos der großen Markenhersteller. So können sich die Kinder gleich ganz unkompliziert in die Markenwelt hineinleben.

Nicht nur das: Sie können auch gleich das richtige Rollenverhalten einüben. Die kleine Laetitia bügelt dann wie Mami mit dem Markenbügeleisen, und der kleine Rufus-Theodor stemmt sich wie Papi mit dem Markenschlagbohrer in die Wände. So wird das Kinderzimmer zur perfekten Spießerhölle, und ganz nebenbei wird auch noch das Wichtigste gelernt: Die Welt ist zum Zerstören da!

Doch letztlich sind es immer wieder die Einzelnen, die Entscheidungen von ungeheurer Tragweite so fällen, dass die Welt immer noch ein bisschen unrichtiger wird: die Anti-Franziskus-Fraktion. Angeführt gegenwärtig vom amerikanischen Präsidenten und seiner Partei, aber auch anderswo wird beharrlich und erfolgreich daran gearbeitet, den erreichten Stand der Zivilisation und Humanität zurückzubauen.

Statt mehr Gerechtigkeit: weniger. Statt Gemeinschaft: Ausgrenzung. Statt Frieden: Gewalt. Statt Demokratie: eine Herrschaft der Superreichen, damit die – warum auch immer – noch reicher werden.

Im Augenblick neigt sich die Balance deutlich zum Falschen, in eine Epoche der Gegenaufklärung hinein. Eines wird doch in einer solchen Lage glasklar: Eine Welt, die ihren einzigen

Sinn darin sieht, immer noch mehr zu konsumieren, kann kaum etwas anderes hervorbringen als antisoziales Verhalten – daher auch das dauernde absurde Gerede von Wettbewerb, Konkurrenz, Angreifen, Spitzenposition, als wäre das Leben nur vorne lebenswert.

Genau deshalb werden neuerdings überall antisoziale Politiker gewählt. Die Welt, die solche Herrscher anstreben, ist keine, die auch nur entfernt mit der Idee vom richtigen Leben zu tun hat. Deshalb muss man diese Entwicklung bekämpfen, jede und jeder dort, wo sie oder er wirksam ist. Und, das ist aus meiner Sicht der tiefe Sinn des Satzes von Adorno, es ist egal, wie erfolgreich man damit ist, das Leben »richtiger« zu machen. Hier zählt die Absicht, die Dinge nicht so durchgehen zu lassen, wie die Menschenfeinde das gern hätten. Man könnte den Satz auch so übersetzen: Mitmachen ist keine Alternative.

42
Die Diktatur der Geräte
... über digitale Unterdrückung

Was wir hier gemeinsam tun, ist dem Nashorn sehr ähnlich. Wie? Na ja, ich schreibe, das wird gedruckt, Sie lesen es, wir begegnen uns in einem Magazin, in einem Buch. Menschen wie wir und Magazine und Bücher und das Nashorn werden irgendwann ausgestorben sein. Das Nashorn und uns kann man dann auf der App »Ausgestorben« anschauen, aber nur kurz, denn alle anderen Apps auf dem Smartphone fordern ja gleichermaßen Aufmerksamkeit. Genauso wie Alexa, Ihr Auto, Ihr Herd, Ihr Staubsauger, Ihre Heizung, Ihre Vogelstimmenapp, die automatisch anzeigt, welcher Vogel da draußen gerade piept. (Aber das Start-up, das diese App entwickelt hat, ist schon pleite, weil niemand damit gerechnet hat, dass die App sich werbemäßig nicht rechnet, wenn es keine Vögel mehr gibt. Auch ausgestorben.)

Jedenfalls haben die meisten Menschen gar nicht bemerkt, dass gerade ein spektakulärer Rollentausch stattfindet: Denn es ist ja nur eine irreführende Behauptung, dass die Geräte ihnen dienen, Arbeit abnehmen, Zeit und Energie sparen. Das genaue Gegenteil ist der Fall.

Heute wollen die Geräte ständig etwas, sie machen aufmerksam auf Dinge, die einen nicht interessieren, befehlen einem, sich anzuschnallen, mehr zu laufen, weniger zu trinken, sich dies und das und jenes anzuschauen, ganz dringend zu antworten und so weiter und so fort.

Mal unter uns: Sind Sie dafür erwachsen geworden? Haben diesen ganzen Mist mit Pubertät, Ausbildung, Selbstfindung durchgemacht, nur um sich am Ende von der mit dem Smartphone vernetzten Zahnbürste sagen zu lassen, dass jetzt aber mal wieder dringend geputzt werden muss? Und zwar drei Minuten lang – sonst melden wir das an die Krankenkasse! Kurz: Die Geräte sind so smart, dass sie die Herrschaft über die Menschen übernommen haben. Und begründet wird das mit der ältesten Lüge aller Diktatoren: Wir wollen doch nur euer Leben verbessern!

Jetzt ist er aber wirklich schlecht drauf, der Welzer, denken Sie. Ja, ist er! Und ich kann auch erklären, warum. Ich habe ja kein Smartphone und deshalb mehr Zeit als alle anderen, also auch mehr Gelegenheit, mich nicht nur zu wundern, sondern auch aufzuregen. Denn diese ganze Entmündigungsmaschinerie, die in rasender Geschwindigkeit um uns herum aufgebaut wird, uns die Welt zustellt und die Zeit zum Denken, Deuten und Entscheiden nimmt, macht die Welt ja nicht nur nicht besser, sondern sie bedeutet eine neue Dimension der Zerstörungswut gegenüber der Natur. Und darin waren Wachstumswirtschaft und Hyperkonsumgesellschaft ja bislang auch schon nicht wirklich schlecht.

Nichts ist smart hinter den hochglanzpolierten Displays der mobilen Endgeräte. Weder die brutalen Bedingungen, unter denen das Coltan und die seltenen Erden in Afrika und China gewonnen werden, ohne die kein Smartphone klingelt und kein E-Auto fährt, noch die gigantischen Fabriken, in denen all die

Daten be- und verarbeitet werden, die Sie ganz nebenbei produzieren, wenn Sie irgendwas im Netz konsumieren, ob Produkte, Dienstleistungen oder Informationen. Ganz orwellmäßig heißen die zugehörigen Anlagen »clouds«. Das größte Rechenzentrum der USA hat eine Fläche von schlappen 67 Hektar voll Stahl, Blech, Kunststoff und Beton. (Ein durchschnittlicher landwirtschaftlicher Betrieb in Deutschland hat dagegen gerade mal 58 Hektar.) Das größte Rechenzentrum der Welt, betrieben von China Telekom, nimmt mit seinen 1,2 Millionen Servern sogar mal eben 25 Quadratkilometer ein. Es liegt ein bisschen abseits, in der Inneren Mongolei.

Sehr smart an diesen möglichst nicht vorgezeigten babylonischen Datenfabriken ist vor allem ihr Energiebedarf, der unter anderem in den größten dieselbetriebenen Notstromaggregaten der Industriegeschichte symbolisiert ist. So sieht das nämlich aus: Sie wischen auf Ihrem Display wie Aladin an seiner Wunderlampe, und am anderen Ende der Welt rußt das Dieselaggregat wie im frühen 20. Jahrhundert. Und zwar mit jeder Abfrage, jeder Nachricht, jeder Buchung, mit allem, was Sie in der Welt des Internets tun.

So wird sich das Internet zum größten Energieverbraucher der Welt entwickeln; allein Bitcoin, die Spekulatius-Währung, »benötigt in einem Jahr mehr Energie als ganz Dänemark«. So schreibt es Niklas Maak in einem hervorragenden Artikel in der »Frankfurter Allgemeinen Sonntagszeitung«. Und ich möchte ergänzen: Wenn dieser ganze zerstörerische Aufwand zu irgendetwas gut wäre, das dem zivilisatorischen Fortschritt dienen würde, könnte man ja noch sagen: Okay, da müssen wir weiter dran arbeiten und das irgendwie ökologisch vertretbar hinbekommen. Heraus kommt aber das genaue Gegenteil des zivilisatorischen Projektes, nämlich nicht Freiheit, sondern Unterwerfung. Mithin findet die ganze Zerstörungsorgie nur statt, damit die Menschen unfrei werden.

Das Digitale ist fossil. All der nervtötende Zauber, den die bevormundenden Geräte ausstrahlen, ist nur etwas, das ein falsches und zukunftsuntaugliches Wirtschaftssystem mit einer ungeheuren Dynamik versieht. So ist das immer gegen Ende: Wenn wir dem Abgrund näher kommen, verdoppeln wir unsere Anstrengungen. Und soll ich Ihnen etwas sagen: Da hilft kein Appell an die Politik oder an irgendjemanden sonst. Nicht mitmachen kann man nur selbst. Und hoffen Sie bloß nicht darauf, dass es bald eine App gibt, die Ihnen beim energiesparenden Einsatz Ihres Smartphones hilft. Sondern machen Sie sich einfach frei. Werfen Sie es weg.